DR FRANCK SENNINGER

L'anorexie

Le miroir intérieur brisé

jouvence
EDITIONS

Du même auteur

La boulimie, éd. Jouvence, 2004

L'enfant végétarien, éd. Jouvence, 2003

Le régime senior, éd. du Dauphin, 2000

Le secret de Brocéliande,
roman publié sous le pseudonyme de F. Berneri-Croce
éd. des Écrivains, 1999 – Prix Littré 2000

Perdez du poids, pas le sourire…
éd. de l'Homme, 1993 (épuisé)

Collection Pratiques Jouvence

La compassion pour seul bagage,
R. Poletti & B. Dobbs, 2002

La Communication Non Violente au quotidien,
Marshall B. Rosenberg, 2003

Ne plus se laisser manipuler, Bernard Raquin, 2003

Donner du sens à sa vie, R. Poletti & B. Dobbs, 2002

La résilience, R. Poletti & B. Dobbs, 2001

Plus jamais victime, Pierre Pradervand, 2001

Le bonheur, ça s'apprend, Pierre Pradervand, 2001

L'estime de soi, R. Poletti & B. Dobbs, 1998

Satisfaire son besoin de reconnaissance,
Olivier Nunge & Simonne Mortera, 1998

Vivre au positif, Marie-France Muller, 1997

Catalogue Jouvence gratuit sur simple demande.

ÉDITIONS JOUVENCE

Suisse : CP 184, CH-1233 Genève-Bernex
France : BP 7, F-74161 Saint-Julien-en-Genevois Cedex
Site internet : **www.editions-jouvence.com**
E-mail : info@editions-jouvence.com

Dessin de couverture : Jean Augagneur
Mise en pages : nelly.irniger@free.fr

ISBN 2-88353-367-9

SOMMAIRE

Je remercie mon ami, le Dr Gilbert Soussen,
psychiatre, pour ses conseils et sa contribution
à l'élaboration de cet ouvrage.

AVANT PROPOS

La prise alimentaire fournit l'énergie nécessaire à la vie. Celle-ci est comptabilisée en calories. En l'absence de maladie, l'activité physique représente la principale variable chez des individus de taille, de poids et d'âge comparables. Il existe un équilibre précaire entre les apports d'énergie (via l'alimentation) et leurs dépenses. L'étude de cet équilibre est l'un des principaux sujets d'intérêt, de ces dernières années, en nutrition humaine.

Il est très difficile de définir les besoins énergétiques de chacun. En effet, chaque individu est différent. Certains "brûlent" davantage les calories et auront une tendance à la maigreur, tandis que d'autres auront plutôt tendance à "stocker" et à évoluer vers une prise de poids.

Ces constatations ne doivent cependant pas mener à sous-estimer l'importance des déséquilibres liés à une déficience d'apport énergétique ou, au contraire, à une suralimentation. Cet ouvrage est essentiellement consacré aux troubles carentiels du comportement alimentaire : l'anorexie mentale.

Pendant des siècles, l'anorexie fut perçue comme un "phénomène de mode" ou un "caprice" et non pas comme une maladie. Ce n'est que depuis peu que la gravité de ce comportement a été prise en compte ainsi que l'éventualité d'une évolution fatale.

L'anorexie commence souvent de façon insidieuse. La personne concernée limite la quantité des aliments ingérés ce qui peut, dans certains cas, amener à confondre l'anorexie avec un régime parfois justifié par un excès de poids. Si le simple contrôle de son alimentation ne prête le plus souvent pas à conséquence, l'anorexie est en revanche une maladie dont il importe de faire le diagnostic le plus précocement possible.

Ce livre est destiné plus particulièrement aux parents d'adolescents ou de jeunes adultes présentant des troubles associés à l'anorexie pour leur permettre de mieux comprendre cette maladie dans les causes, dans les conséquences et dans les traitements possibles.

Même si l'anorexie ne touche que 1 % de la population en France, cela représente environ 2500 nouveaux cas chaque année. Suivant les études, ces chiffres représentent de 5 à 13 % de la population adolescente. Comme cette maladie est difficile à diagnostiquer et que les personnes qui en sont atteintes la nient, cette proportion est certainement sous-évaluée. Les parents eux-mêmes passent souvent à côté de la phase initiale de cette pathologie, qui n'est souvent, en conséquence, que très tardivement découverte.

Certaines observations décrites peuvent parfois être difficiles à supporter. Ce livre n'est donc pas à mettre entre les mains de jeunes adolescents. Il se veut avant tout pratique. Pour cela, il présente en trois étapes le chemin de l'anorexie : la phase de constitution, où cette maladie se met progressivement en place ; la phase d'état où le diagnostic se trouve confirmé aux yeux de la famille et des médecins ; enfin, la phase d'alarme.

À chaque phase, des conseils, des explications et des solutions pratiques sont proposés de manière à éviter le plus possible les complications inhérentes à l'anorexie.

La lecture d'un tel livre peut donner l'impression au lecteur que les causes et l'issue de cette pathologie sont floues. C'est qu'il ne s'agit pas d'une maladie au sens propre car aucun organe n'est lésé – au moins en apparence. Il s'agit plutôt de troubles du comportement alimentaire ayant des conséquences variables suivant les individus et la prise en charge effectuée. La guérison est possible. Si la moitié des anorexiques rentre dans la chronicité ou en subit les complications, l'autre moitié s'en sort et retrouve un poids normal.

Qu'est-ce que l'anorexie mentale ?

Il importe tout d'abord d'opérer une distinction fondamentale entre maigreur et dénutrition. Les personnes maigres ne présentent pas toutes une maladie nécessitant un traitement. Il ne faut pas juger hâtivement.

Maigreur ou dénutrition ?

Les états de maigreur et de dénutrition n'ont souvent en commun que l'insuffisance pondérale.

- ***La maigreur*** *est un état où la graisse est sous-représentée dans l'organisme, par rapport aux normes établies (lorsque la proportion de graisse est inférieure à 10 % du poids du corps chez l'homme et* *à 14 % chez la femme). En terme de poids, la maigreur correspond à un déficit de l'ordre de 10 % par rapport au poids théorique (le tableau n° 3, page 58, donne la limite basse de la norme).*

- ***La dénutrition*** *est la résultante d'une insuffisance d'apport (faim, maladie, trouble alimentaire...) par rapport à un poids initial. On considère qu'il y a dénutrition lorsqu'il y a perte de poids par rapport à une situation antérieure avec des carences en macronutriments (glucidiques, protéiques et azotés) et en micronutriments (vitamines et minéraux).*

La maigreur correspond donc à un poids corporel inférieur aux limites théoriques de ce qui est considéré comme "normal". Toutefois, dans cette situation, le poids est stable, l'aptitude à l'effort et le développement hormonal sont conservés. Sous ces quelques réserves, la constitution d'une personne maigre est conforme à la norme. De fait, cette particularité n'impose aucun traitement, sauf si l'individu est demandeur.

La dénutrition présente, par contre, une situation où les besoins de l'organisme ne sont plus couverts ni quantitativement ni qualitativement. Il en résulte une modification de la composition corporelle ayant pour conséquence la perte de poids.

Faire la distinction entre maigreur et dénutrition, c'est différencier un état "normal" d'un état pathologique, source parfois de conséquences graves.

L'anorexie : une dénutrition pas comme les autres

La dénutrition et les pertes de poids qui en résultent sont toujours la conséquence de la faim, d'une maladie ou d'un trouble alimentaire grave. Dans l'anorexie mentale, l'amaigrissement est dû à un trouble volontaire de la conduite alimentaire. Ce désordre relève d'une pathologie psychiatrique nettement caractérisée, de pronostic grave puisque les personnes atteintes non traitées peuvent en mourir.

L'anorexie touche préférentiellement les jeunes filles de 14 à 25 ans. Cette maladie n'est pas rare chez les filles d'une douzaine d'années. La fréquence de ce trouble de l'alimentation augmente dans nos sociétés civilisées et touche des enfants de plus en plus jeunes. Certains services hospitaliers détectent des anorexies dès l'âge de 8 ans.

Ce trouble du comportement alimentaire peut revêtir deux formes différentes.

La première se caractérise par une restriction alimentaire (*restricting-type* des Anglo-Saxons). Cette diminution de la quantité de nourriture ingérée s'étend sur plusieurs mois, voire plusieurs années. Elle peut revêtir la forme d'un simple épisode sans complications inhérentes ou celle d'une lente dégradation physique et psychologique mettant en jeu le pronostic vital.

La seconde se définit par un refus de manger suivi d'une orgie. Aux ingestions irrépressibles de grandes quantités de nourriture succède une purge (c'est ce que les Anglo-Saxons nomment la *binge/purge)*. L'élimination des apports énergétiques peut prendre la forme d'une consommation de laxatifs, de diurétiques, d'administration de lavements ou encore de vomissements provoqués. Cette dernière solution étant la plus fréquente.

Les premières personnes à se rendre compte de la dégradation de l'état de santé d'un proche sont les parents. Sauf conditions particulières, ils remarquent que *"quelque chose ne tourne pas rond"*.

Cependant, comme souvent dans le cas d'une maladie "mentale", la famille est parfois désarmée, ne sachant pas comment annoncer ses soupçons ni comment communiquer avec une personne enfermée dans un monde irréel. L'agressivité engendrée par des observations, les fins de non-recevoir adressées ont parfois raison des meilleures intentions.

Pour comprendre ce qu'est l'anorexie mentale, il faut expliquer tout d'abord comment se déroule la consommation d'un aliment. Cette activité naturelle et simple est plus complexe qu'il n'y paraît au premier abord.

L'alimentation est initiée par la faim.

- *La **faim** est une sensation douloureuse que l'on ressent parce que l'estomac se contracte à vide. Elle est à distinguer de l'envie de manger.*
- *L'**envie de manger** est un désir. Elle anticipe le plaisir de consommer quelque chose que l'on apprécie. Très simplement, on peut très bien avoir faim et ne pas avoir envie de manger. C'est ce qui se passe lorsque vous avez faim et que l'on vous propose quelque chose que vous n'aimez pas. Dans ce dernier cas, vous aurez peu d'appétit.*
- *L'**appétit** est le plaisir que l'on éprouve à manger et qui entraîne le désir de continuer l'alimentation jusqu'au rassasiement.*
- *Le **rassasiement** est la sensation de plénitude qui met un terme au repas.*

La sensation de **satiété** termine la collation.

Le schéma ci-dessous résume les différentes étapes de la prise alimentaire :

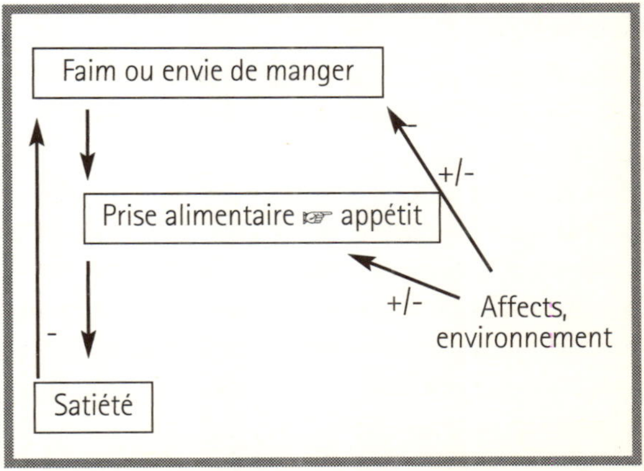

Que se passe-t-il chez la personne anorexique ?

L'anorexie vient du grec *an = qui est privatif,* et de *orexie = appétit.* La personne anorexique ressent la faim et l'envie de manger. Elle y cède malgré elle avec un sentiment de culpabilité qui obère son plaisir, son appétit. Le plus souvent, elle n'est pas rassasiée.

Il existe un réel désinvestissement de la nourriture si on la considère en tant qu'apport énergétique, mais celle-ci occupe l'esprit de la personne concernée la plus grande partie de son temps. L'anorexique vit avec la faim, elle connaît un grand nombre de recettes et ses tables de calories sur le bout des doigts. Elle est intelligente et perfectionniste.

Pourquoi l'anorexie mentale ?

Plusieurs hypothèses coexistent. Chacune d'elles apporte un éclairage particulier sur l'anorexie mentale. Chaque point de vue concerne tantôt le psychisme particulier de l'anorexique, tantôt ses parents, mais prend en compte également le stress ayant pu déclencher le processus ou encore la génétique.

La personnalité de l'individu

Certains voient dans cette pathologie une impossibilité pour l'anorexique d'assumer le changement de son corps lors de la puberté. L'anorexie survient à un moment où le corps se modifie, où il attire le regard de l'autre sexe. Il semble exister une corrélation entre la féminité, le désir de séduire et les troubles du comportement alimentaire. Les filles style "garçons manqués" seraient moins atteintes.

Lors de l'adolescence et des changements physiologiques liés à la puberté, il existe une réactivation du complexe d'Œdipe et des conflits d'identification. L'image que l'adolescent a de lui-même s'en trouve perturbée.

Œdipe était, selon la mythologie, le fils de Laïos, roi de Thèbes, et de Jocaste. L'oracle de Delphes lui prédit un jour qu'il tuerait son père et épouserait sa mère. Il fut recueilli par le roi Polybe, à Corinthe, et sans le savoir, réalisa la prédiction. Le complexe d'Œdipe est un ensemble de phénomènes fondamentaux au cours du développement de la sexualité infantile dans lequel, selon Freud, s'établit une relation amoureuse avec le parent du sexe opposé et hostile au parent du même sexe. *

Tout miroir reproduit notre image symétrique. Cette symétrie permet à chacun de nous de se voir comme un autre. Le mot *symétrie* vient du grec

* *Dictionnaire médical Masson* (3e édition).

syn = avec, et metron = mesure; cela signifie donc "avec mesure", que l'on peut aussi traduire par "avec proportion" ou "avec harmonie".

Le miroir intérieur de la personne anorexique est brisé. Il ne reflète plus cette harmonie dont nous avons parlé; son image n'est plus la symétrie de son être. Chaque ligne se transforme en disgrâce, chaque courbe en imperfection. Au lieu de travailler sur son image intérieure pour réparer ce miroir brisé, la personne anorexique veut à tout prix modifier l'original – son corps – dans une recherche évidemment impossible.

L'anorexie et la boulimie sont les deux faces d'un même comportement. Parfois, les deux versants coexistent chez la même personne, qui passe de l'anorexie à la boulimie et réciproquement. La boulimie est une vengeance sur la vie, face à une frustration insurmontable.

La frustration est un état de tension émotionnel privant l'individu d'une satisfaction ou d'une gratification attendue. Cette privation peut être externe (par exemple, un enfant qui manque d'affection) ou interne (par exemple, des mérites qui ne sont pas reconnus à la hauteur de son espérance).

Le boulimique est alors capable d'absorber une grande quantité de nourriture. En phase d'anorexie, au contraire, il se venge en refusant toute alimentation. La sensation de faim lui redonne le sentiment d'exister, de retrouver une identité à travers les signaux que son corps lui envoie.

Paradoxalement, il se détruit pour se conforter dans la volonté d'exister, ce qui distingue l'anorexie de la conduite suicidaire même si le résultat est parfois identique. D'une certaine façon, la problématique de l'anorexique est très shakespearienne : "être ou ne pas être, telle est la question..." Il n'y a que ce qui est qui peut disparaître...

Les anorexiques ont du mal à reconnaître leurs émotions, ils ne verbalisent pas leur mécontentement, lors des conflits par exemple. Ils préfèrent le langage du corps à la parole, exprimant par ce moyen leur mal-être, mais aussi leur agressivité vis-à-vis de leur entourage. Leur corps leur fournit le moyen de cette expression.

La pensée opératoire est l'incapacité pour un individu d'évaluer globalement une situation, préférant s'appuyer sur des faits ou des détails concrets. L'enfant procède de cette façon de l'âge de 7 ans à celui de 11 ans environ.

Cette pensée opératoire est en partie responsable des maladies psychosomatiques, c'est-à-dire des maladies pour lesquelles le psychisme est mis en cause – au moins en partie – dans leur formation. Les anorexiques sont incapables de contrôler les émotions qui les assaillent et de les verbaliser. Quelle que soit l'origine de celles-ci (image de soi, traumatisme sexuel, conflit avec l'entourage...), la pensée opératoire retrouve des causes concrètes : *"Si je n'ai pas d'ami(e), c'est parce que je ne mange pas comme eux(elles).* "L'anorexique n'envisage pas que si elle n'a pas d'ami(e), c'est parce qu'elle a bâti peu à peu une palissade infranchissable entre elle et la société.

Nous avons vu plus haut que l'anorexie est une vengeance, une rébellion qui se retourne contre soi. Bien souvent, les anorexiques éprouvent une grande colère impossible à exprimer autrement que par ce trouble alimentaire. Il ne faut pas imaginer l'anorexique dépérissant passivement en l'absence de nourriture. Bien souvent, il y a beaucoup de violence en eux. Cette colère s'exprime parfois par des mots, celle-ci concerne la partie visible du problème : la nourriture.

Une adolescente attend avec ses parents dans la salle d'attente. Sa maigreur est déjà importante. Sa mère lui fait les dernières recommandations avant la consultation en lui demandant de bien expliquer ce qui ne va pas. Soudain, la jeune fille s'emporte et lui demande de la laisser tranquille ; elle se sent très bien et mange bien assez comme cela.

Les conflits sont déplacés vers le concret. C'est le mode de pensée opératoire. Ce psychisme a été de nombreuses fois mis en évidence chez les jeunes filles anorexiques.

La personnalité des parents

- *La relation avec la mère*

  Pour certains spécialistes, ce trouble mental trouve son origine très tôt dans la relation avec la mère. L'enfant s'est senti abandonné à un moment donné de sa petite enfance et cherche à se conformer à un idéal maternel, afin de regagner l'amour de celle-ci. Cette attitude est appelée en psychologie le "développement en faux-self". *Le développement en faux-self consiste principalement au désir excessif de correspondre aux attentes de sa mère.*

- *La relation avec le père*

  Pour d'autres spécialistes, l'anorexie résulte d'un manque affectif avec le père, que celui-ci soit absent physiquement ou moralement.

- *La relation avec la famille*

  Nous verrons plus loin que l'anorexie touche dans ses conséquences l'ensemble de la famille. Elle peut également avoir pour origine des troubles nés au sein même de la cellule familiale : relations évitant tout conflit, perfection apparente des parents d'une part et de leur enfant d'autre part, chacun pris isolément.

  Avant de devenir anorexique, l'enfant ne crée en général aucune difficulté. Il est au centre d'un système familial où les relations triangulaires parents-enfant deviennent duelles : père-enfant ou mère-enfant. Lorsqu'il existe un autre enfant dans la famille, il se voit parfois investi d'une partie de l'autorité parentale. Parfois, à l'inverse, les parents, par trop de prévenances, empêchent l'acquisition d'une certaine autonomie. Dans tous les modèles mis en évidence, l'identité de la personne anorexique a été perturbée dans l'enfance.

L'incidence du stress

À l'occasion d'un stress ou d'un malaise profond, la jeune fille ne sait pas comment appréhender ces nouvelles difficultés.

Les facteurs extérieurs ont malheureusement une influence suffisamment importante pour les mentionner. La féminité, le succès, la séduction, le bonheur sont des notions idéalisées dans le monde d'aujourd'hui. Toutes sont de près ou de loin liées à la minceur. À la fin du secondaire, 90 % des adolescentes d'Amérique du Nord confessent avoir déjà suivi un régime…

Ce dernier chiffre semble énorme et ne recouvre certainement pas une réalité, mais bien plutôt un vécu. En effet, si l'on demande à une population d'adolescents s'ils estiment leur poids satisfaisant, seul un sur dix répond par l'affirmative. Les neufs autres ont probablement déjà essayé de perdre des kilos qu'ils estiment superflus et répondent lors de l'enquête qu'ils ont déjà suivi un régime.

Les résultats français semblent plus intéressants encore. Un quart des adolescentes déclarent avoir déjà fait un régime à l'âge de 16 ans. Ces derniers chiffres sont vraisemblablement sous-estimés !

Ces statistiques montrent bien combien la perception du régime et de l'excès de poids sont différents de part et d'autre de l'Atlantique. Aux États-Unis, suivre un régime permet une certaine valorisation de l'adolescent, c'est pourquoi ils en font facilement état. En France, au contraire, on estime qu'il n'est pas de bon ton de dire que l'on est mince parce que l'on se prive. La culture est différente.

Comment la personne anorexique en est-elle arrivée là ?

On sait depuis les travaux du Canadien Hans Selye que tout stress provoque un syndrome général d'adaptation de la part de l'organisme. Ce syndrome consomme une énergie dite d'adaptation ; c'est le fameux *"fight or flight"* ("le combat ou la fuite"). Chez l'anorexique, cette adaptation est retournée sur soi.

L'énergie d'adaptation est consommée à la fois par la fuite et par le combat.

La fuite, parce que les conflits subis par l'anorexique ne trouvent pas de réponses propres. Plutôt que d'exprimer contre l'autre sa colère, ses angoisses, son rejet, son dégoût, bref ses sentiments, l'anorexique se tourne vers lui-même pour y trouver une réponse impossible.

Le combat s'engage non contre l'autre, mais contre la nourriture. Il s'agit d'une bataille contre la faim où le plaisir de manger se transforme progressivement en plaisir de maigrir. Tout se passe comme si l'agresseur n'était plus le conflit, mais la nourriture, et que le plaisir de résoudre ce conflit devenait celui de surmonter le jeûne.

Sur le plan psychologique et familial, nous avons vu qu'il existe de nombreuses interprétations au phénomène de l'anorexie. La survenue de la maladie aux alentours de la puberté suggère que le stress puisse être un élément déclenchant.

Ce stress peut être représenté par le développement de la sexualité et la nécessité de s'adapter à un cercle social élargi. La conduite de l'anorexique traduirait alors l'impossibilité d'assumer cette sexualité. La nécessité de développer son autonomie à cette période de la vie s'exacerbe dans le besoin de rompre avec un environnement familial contraignant. L'isolement et le rejet de tout élément extérieur représenté par la nourriture sont sa réponse apportée à la (pré)puberté.

L'éclairage philosophique

Du point de vue philosophique au XVIIe siècle, Baruch d'Espinoza, plus connu sous le nom de Spinoza considérait que *"les décrets de l'âme ne sont rien d'autre que les appétits eux-mêmes et varient en conséquence, selon la disposition du corps"*. Spinoza avait déjà remarqué que l'esprit et le corps sont indissociables. Ce qu'il nomme "appétit" n'est rien d'autre que l'essence même de l'homme, ce que Sigmund Freud appellera plus tard le “moi”. En abandonnant leur appétit, les personnes anorexiques rejettent leur partie la plus intime.

La piste génétique

La piste génétique est également d’actualité. Une étude récente a mis en évidence, dans des familles comportant au moins deux membres souffrants d’anorexie, un rôle génétique majeur par atteinte du bras le plus court du chromosome 1. Cependant, la recherche d’autres gênes responsables n’est pas abandonnée.

La piste auto-immune

Enfin, une autre interprétation causale de cette maladie a été énoncée par une équipe de chercheurs de Stockholm. Le Dr Sergueï Fetissov, de l’Institut Karolinska, envisage ce trouble sous l’aspect d’une maladie auto-immune, c’est-à-dire que l’organisme produit des anticorps contre certains de ses composants.

Il a ainsi mis en évidence des anticorps contre certaines hormones de l’hypophyse. Cette glande est le chef d’orchestre du système glandulaire. Dans le cas présent, les anticorps détruiraient des hormones ayant justement un rôle dans la prise alimentaire. Reste à savoir si cette production d’anticorps est la cause ou la conséquence de la maladie.

On voit que plusieurs théories coexistent sur la genèse de cette maladie. Il est probable qu'à différents degrés variables selon les individus, l'une ou l'autre prévaut.

Les tableaux ci-contre regroupent les différentes significations des "troubles" du comportement alimentaire tant au niveau individuel (tableau 1) que socioculturel (tableau 2) d'après B. Guy-Grand dans *Traité de médecine**, de P. Godeau.

Tableau n° 1

Troubles qualitatifs, valeur individuelle

- Équivalent érotique (à la puberté, la nourriture peut-être investie d'une composante érotique).
- Équivalent agressif (mode de réponse à une situation conflictuelle avec les parents, par exemple).
- Lutte antidépressive (les crises d'anorexie-boulimie peuvent lutter contre un état dépressif).
- Lutte conte l'angoisse.
- Communication non verbale (le refus de manger est un mode de communication permettant de signifier un message sans avoir à le verbaliser).
- Remplissage d'un vide (les crises de boulimie peuvent combler une sensation de vide intérieur).

* Flammarion, Paris, 1994.

Dans le tableau n° 1, l'anorexie représente un mode d'expression (équivalent agressif, communication non verbale), une réponse à des tensions internes (équivalent érotique, agressif ou dépressif, remplissage d'un vide en cas de pulsions boulimiques).

Tableau n° 2

Troubles quantitatifs, valeur socioculturelle

- Habitudes familiales (les parents peuvent investir la nourriture plus que nécessaire).
- Société d'abondance (refus).
- Conformisme à un idéal.
- Société de consommation (refus).
- Symbolique (refus du système socioculturel, par exemple).

Dans le tableau n° 2, l'anorexie est considérée sous l'angle familial et socioculturel. Les habitudes familiales peuvent avoir une incidence sur le trouble du comportement alimentaire, de même que le refus d'une société de consommation où règne l'abondance, la volonté de conformer son image à un idéal propre, la symbolique que représente un corps dépourvu de tout excès de graisse et le sentiment de toute-puissance qui s'y associe (sensation de victoire sur soi-même).

La phase de constitution

La fréquence de l'anorexie mentale a augmenté avec les années passant en dix ans de 2 % d'adolescents et jeunes adultes à 5 % de cas déclarés actuellement (et 5 à 13 % de la population adolescente). Ces chiffres sont en augmentation et vraisemblablement sous-évalués.

Dans 95 % des cas, ce sont les femmes qui en sont atteintes et plus généralement celles âgées entre 15 et 25 ans. Les cas d'anorexie chez les jeunes hommes sont rares, mais souvent graves, car ils se décompensent souvent vers la psychose.

Dans les mois qui précèdent la maladie, la personne atteinte de ce trouble du comportement alimentaire fuit progressivement les conversations des adolescents de son âge, les trouvant frivoles ou inintéressantes. Peu à peu cette critique s'étend à ses amis et elle déserte leur compagnie. Elle s'isole peu à peu. Même si la solitude finit par lui peser, elle se sent désespérément incomprise, voire rejetée. Si elle surprend des rires, elle estime que l'on se moque d'elle et cela contribue encore à la pousser dans ses retranchements, allant parfois jusqu'à refuser la scolarisation.

Cependant, le début de la pathologie est souvent difficile à détecter et l'on peut être amené à porter un diagnostic parfois tardif sur un problème qui a débuté déjà depuis plusieurs années. Cette éventualité est d'autant plus fréquente que les personnes anorexiques dissimulent le plus souvent leur "mal-être" aux yeux de leur entourage et même à leurs propres yeux.

Comment reconnaître l'anorexie ?

La personne anorexique

On dit souvent que l'anorexie commence par un régime. Par définition, le régime est une perte volontaire du poids où il existe un compromis entre le plaisir de manger et les désagréments engendrés par la privation et la faim.

Dans l'anorexie, le plaisir de perdre du poids et le plaisir de la privation sont conjugués. La perte de poids procure une extase qui vient renforcer celui de la privation dans un cercle vicieux. Il existe une sorte d'excitation à maîtriser son poids et à ne pas céder à la faim. Tout le comportement vise à un seul but : perdre le maximum de poids. Pour y arriver, la nourriture n'est pas le seul cheval de bataille, les adolescents peuvent aussi pratiquer de violents exercices physiques après les repas pour éliminer ce qui a été ingurgité ou encore tenter de rejeter ce qui a été absorbé en provoquant des vomissements.

Le ventre de l'anorexique a une importance primordiale. Elle ne supporte pas de le sentir plein. Les femmes, plus particulièrement, n'ont cessé de rechercher un ventre plat. Et les magazines féminins, à grands renforts de top models aux photographies retouchées, alimentent ce désir. Cette recherche occulte toute raison au point que la personne confond ballonnement et graisse.

Généralement, les femmes supportent mal les gaz intestinaux, l'anorexique moins que toute autre. Les ballonnements lui sont totalement insupportables et la renforcent dans son désir de ne pas manger pour éviter à tout prix la fermentation des aliments dans son tube digestif. Elle assimile souvent ces gaz à une souillure interne et, parfois, les confond avec des bourrelets de graisse, ce qui la renforce dans son désir de supprimer tout aliment.

Malheureusement, l'anorexique se retrouve dans une impasse car, à partir de ce moment-là, elle est sourde à tous les arguments qui tendent à lui prouver qu'en mangeant mieux et plus, ces ballonnements diminueraient. Dans sa quête d'absolu, elle ne peut être que déçue. En effet, tout aliment, surtout s'il contient des fibres, provoque plus ou moins des flatulences.

Les ballonnements sont dus à une fermentation des fibres dans le gros intestin. Cette fermentation entretient la flore microbienne et permet une meilleure digestion. En outre, elle contribue à la production d'acides organiques qui facilitent l'absorption des minéraux comme le calcium.

La graisse est constituée d'amas de cellules graisseuses groupées en lobules. Cette accumulation se trouve principalement sous la peau du ventre, provoquant également un gonflement l'abdomen.

Pour faire la différence entre la graisse et les ballonnements, il suffit de pincer la peau à cet endroit. Si la peau est épaisse (on parle de pli cutané), c'est de la graisse. Si la peau est fine comme sur le dos de la main, c'est de la peau.

Il n'est pire sourd que celui qui ne veut pas entendre. On a beau expliquer à une personne anorexique que si son ventre est distendu, c'est parce qu'elle n'a plus de muscles abdominaux, que les gaz de son ventre gonflent sous la peau et qu'ils sont salutaires pour sa santé, elle ne l'accepte pas. Pour la convaincre, on lui demande de se remémorer ces images offertes au grand public d'enfant au ventre distendu, mourant de faim, dans les pays du Tiers-Monde. La personne anorexique reste persuadée que si son ventre est gros, c'est parce qu'il y a de la graisse. Et s'il y a des gaz, il faut qu'elle mange encore moins pour les diminuer.

L'un des traits de cette maladie est d'utiliser chaque parole pour légitimer le comportement.

Une vision plus psychanalytique de cette manière d'agir interprète la tyrannie vis-à-vis de soi-même comme l'expression symbolique d'exercer un contrôle absolu sur son propre corps. Il s'agit alors d'un sentiment délirant de toute-puissance. Bien entendu, la peur fantasmatique d'être "gros(se)" semble jouer un rôle. Comme expliqué précédemment, l'ensemble de ces phénomènes conduit l'adolescent(e) à devenir manipulatrice avec elle-même, mais aussi avec les autres : ses parents, son entourage, son médecin. On pourrait aisément qualifier ses comportements de pervers tant le désir de tromper est grand.

Pour les parents

Leur enfant n'a plus le même goût pour la nourriture. Il fait des histoires pour manger, dit qu'il n'a pas faim, n'est pas en forme, ne prend qu'un seul plat et ne le finit pas. Cette conduite répétée, qui s'accentue de jour en jour, doit attirer l'attention. L'amaigrissement n'est pas forcément présent au début. En outre, il est souvent difficile à mettre en évidence du fait de l'ampleur trompeuse des vêtements portés.

Lors d'une perte de poids, entre une personne qui fait un régime et une autre qui est anorexique, la différence réside dans le fait que la première exprime son contentement alors que la seconde est effrayée par la tâche qui lui reste à accomplir. Cette dernière s'isole fréquemment et fait parfois de la gymnastique dans sa chambre après les repas, mais aussi de temps à autre dans la journée. Des repas suivis de vomissements sont toujours suspects à partir du moment où ils se répètent.

Dans un cas sur trois, l'anorexique se fait vomir pour éliminer ce qu'elle a “engrangé” au cours du repas. Nous verrons qu'à plus ou moins long terme cela entraîne de nombreuses complications.

L'éventail du vécu des familles est large. Voici un exemple :

Armelle chipote à table, elle se trouve trop grosse et ne finit pas ses plats. Depuis plusieurs mois, elle a perdu beaucoup de poids, mais il est impossible de savoir combien. Il est clair qu'elle suit un régime. Sa famille désire l'aider et lui prépare des repas "à la carte", mais l'attitude d'Armelle est difficile à supporter tant ses exigences sont fortes. Elle veut tel plat et pas tel autre et s'emporte facilement si on la contrarie.
Un soir, en rentrant, sa mère trouve les placards vidés de leur contenu et les emballages des gâteaux, des tablettes de chocolats et du fromage dans la poubelle. Il n'y a plus de pain pour le dîner.
Questionnée, Armelle se sent la première étonnée d'avoir pu ingurgiter cela. Elle se souvient seulement d'avoir eu faim et d'avoir mangé... un peu.

Armelle a été victime d'une crise de boulimie. Cette envie irrépressible de manger de tout et de n'importe quoi, à n'importe quelle heure et en grande quantité, la caractérise. Ces crises viennent parfois ponctuer l'anorexie. Dans ce cas, la perte de poids est bien entendue moindre. Il existe des formes d'anorexie-boulimie ou la personne "joue" avec son tube digestif le remplissant et le vidant tour à tour.

Cette boulimie s'inscrit dans un contexte d'anorexie. Nous avons vu plus haut qu'anorexie et boulimie représentaient pour la personne atteinte de troubles du comportement alimentaire ses deux moyens de réponse à une frustration. Parfois, l'anorexique peut basculer sur le versant de la boulimie et délaisser le côté anorexique. Elle mange alors de grandes quantités de nourriture à toute heure du jour ou de la nuit. Pour mieux comprendre ce phénomène, un ouvrage du même auteur consacré au trouble alimentaire de la boulimie doit paraître en 2004 dans la même collection.

- L'**anorexie** est caractérisée par la perte de l'envie de manger et de l'appétit. L'ingestion du repas ne permet pas le rassasiement.

- La **boulimie**, *a contrario*, se caractérise par une faim intense qui conduit à ingérer de grandes quantités de nourriture en un temps court, à n'importe quel moment de la journée ou de la nuit.

"Il n'est pas étonnant que mon enfant n'ait plus faim le soir après cela!" pensent les parents. Ils peuvent aussi se dire que vu le peu qu'elle mange à table, ils ne sont pas surpris qu'elle dévore entre les repas.

La réalité est que les crises de boulimie qui ponctuent parfois l'anorexie sont incontrôlables.

Le cas d'Armelle est symptomatique. Il présente toutes les caractéristiques souvent relevées dans l'anorexie et résumés ci-après :

- La peur de devenir obèse (non confirmée par la perte de poids qu'elle constate).
- La perturbation de l'image du corps (elle prétend être grosse, alors même qu'elle apparaît décharnée aux yeux des autres).
- Elle enregistre une perte de poids importante par rapport à son poids initial.
- Elle refuse toute nouvelle reprise pondérale, malgré son adhésion simulée aux encouragements et aux conseils de son entourage qui s'inquiète de son état de santé.

Il reste évidemment à contrôler l'absence de maladie physique avérée, que le médecin traitant peut mettre en évidence rapidement.

Pour le médecin

À ce stade, le médecin n'est pas beaucoup plus avancé que la famille pour affirmer l'anorexie mentale. Il n'existe en effet aucun examen biologique ou radiologique qui le lui permette. Seuls des arguments de présomption peuvent attirer son attention, en discutant avec la personne concernée par un amaigrissement récent et important. Parfois, le diagnostic est difficile car la perte de poids est lente et seul un poids insuffisant peut attirer l'attention.

Christelle est une jeune fille âgée de 17 ans. Elle a la taille d'une fille de son âge, mais en paraît 14, car son bassin est celui d'une fillette et sa poitrine est presque inexistante. Elle n'a jamais été grosse, mais ces derniers temps, comme elle a encore grandi, sa maigreur est plus visible. Elle a déjà vu plusieurs médecins pour cette insuffisance de poids et aucun d'eux n'a trouvé d'affection organique justifiant cet état de maigreur. Sur les conseils de l'un d'eux, elle consulte alors un médecin nutritionniste. Elle souhaite s'habiller comme une jeune fille de son âge, être plus féminine. Sa mère a un problème inverse, car elle est obèse.
Le médecin nutritionniste fait un bilan de son alimentation avec cette jeune fille et trouve en effet que sa consommation est insuffisante. Christelle se montre pleine de bonne volonté et participe activement en posant beaucoup de questions.
Au cours des consultations suivantes et, malgré sa volonté affichée de prendre des kilos, Christelle se maintient et reperd aussitôt le poids lorsqu'elle en prend. Elle signale des haut-le-cœur, des vomissements, quand elle absorbe de "trop grandes quantités" de nourriture.

Ce cas clinique est intéressant car les parents ne perçoivent pas leur enfant comme une fille anorexique. Elle désire prendre du poids, consulte facilement les médecins, est très demandeuse et pourtant… l'anorexie est présente. Si l'on reprend les définitions mentionnées au début de cet ouvrage, cette jeune fille a faim, elle a envie de manger, mais il existe une perte réelle de l'appétit.

Aucun examen spécifique ne peut permettre très tôt d'affirmer qu'une personne est atteinte de cette maladie. Cependant, s'il le juge nécessaire, le médecin, pourra toujours faire pratiquer un bilan biologique permettant d'apprécier les éventuels premiers effets de la maladie ou de lever un doute pour convaincre la famille de s'engager dans la mise en œuvre rapide d'un traitement.

En général, à ce stade de la maladie, il vérifie la fonte musculaire (créatinine), le nombre de globules rouges, de blancs et de plaquettes sanguines, l'état du foie (ALAT, ASAT, albumine) et celui des reins (urée, sodium, potassium, chlore, phosphates).

Les complications précoces de l'anorexie mentale

La personne anorexique vit dans une bulle ou la nourriture occupe la première place. Cela entraîne le plus souvent des conflits familiaux tournant parfois à la débâcle. Pour ne pas subir davantage de remarques, qu'elle considère désagréables ou non fondées, l'anorexique risque de quitter le toit parental, s'isolant ainsi encore davantage.

Alors que l'anorexique est dans une recherche perpétuelle de perfection du corps, épiant et chassant la moindre accumulation de graisse sur son corps, son aspect amaigri et fatigué est peu propice aux échanges amoureux, renforçant ainsi la sensation de mal-être.

Une dépression avec des tendances obsessionnelles à type de rituel, comme dans la façon de préparer la nourriture ou de la consommer, apparaît souvent. Des compulsions, c'est-à-dire des envies irrépressibles, peuvent survenir, comme celle de consommer des aliments sans aucun délai. La personne concernée peut être tentée de mettre fin à ses jours, mais heureusement, cela reste rare (5 % des cas).

La réduction de la prise alimentaire entraîne une diminution des calories qui déséquilibre l'organisme. Ce dernier puise alors sur ses réserves pour continuer à fonctionner normalement. La dénutrition provoque également une modification du goût. Les personnes ont tendance à "s'absorber" dans leur quête personnelle d'apparence et à centrer de façon parfois obsessionnelle tout leur intérêt sur leur image et sur la nourriture. Le temps est perçu différemment. Chaque repas peut durer un temps infini avec un mâchonnement interminable provocant la colère des commensaux. L'anorexique se replie alors encore davantage sur lui-même, rétrécissant d'autant le champ de ses intérêts. Du fait des modifications de son espace et de sa perception du temps, des épisodes de dépersonnalisation peuvent survenir avec une sensation de perte du contrôle de soi entraînant une dépression. La vie imaginaire et les rêves disparaissent ainsi que le goût de vivre, réduisant ainsi d'autant la prise alimentaire en un cercle vicieux.

Comment agir à ce stade ?

L'anorexique

Même si elle "se braque" facilement, la personne anorexique est demandeuse d'aide. Elle se rend compte que son comportement alimentaire est perturbé, mais refuse souvent tout dirigisme jugé excessif. Une oreille inconnue peut être l'amorce d'un dialogue et d'un début thérapeutique.

Dans cette perspective, plusieurs structures ont été créées :

- *Le Gefab – Groupe européen pour les anorexiques et les boulimiques et les familles* – 54, boulevard Raspail, 75270 Paris Cedex 06 – Tél. : 01 45 43 44 75.
- *L'Association La Note Bleue* permet une écoute téléphonique et des ateliers d'art-thérapie avec de la peinture, du dessin, du maquillage, etc. – Tél. : 01 40 47 73 73.

• *L'Association française de thérapie comportementale et cognitive* donne la liste des praticiens susceptibles de prendre en charge cette maladie – Tél. : 01 45 88 35 28

• *L'Association Autrement* offre des consultations et des groupes de paroles où se retrouvent les anorexiques et les boulimiques – Tél. : 01 40 67 72 98

Les parents

Les parents ont toujours tendance à se culpabiliser. Cette maladie est souvent découverte tardivement après des mois, voire des années d'évolution. Les plus proches sont souvent les derniers à admettre le diagnostic, mais peut-être, dans ce domaine comme dans tant d'autres, savaient-ils déjà inconsciemment.

Lorsque leur enfant entame un régime, les parents doivent faire preuve d'une grande vigilance et ne pas le laisser s'ancrer dans des stratégies aussi ineptes que dangereuses.

Il existe un grand nombre d'enfants qui ne déjeunent pas le matin et vont au collège ou au lycée le ventre vide. Certes, cela ne constitue pas la prémisse d'une anorexie mentale, mais cette attitude peut favoriser un trouble du comportement alimentaire.

Jennifer ne prend pas de petit-déjeuner le matin. Elle n'en a pas le temps, parce qu'elle se couche tard. Le midi au lycée, elle ne mange pas à la cantine car ce n'est pas bon et décide de grignoter dans un café avec des amies de sa classe. Au dîner, lors du repas familial, elle n'a souvent pas faim car elle n'a pas bien digéré son repas du midi.

Jennifer a développé un trouble du comportement alimentaire sans même que ses parents ne s'en soient rendus compte. Croyant bien faire, ils l'ont laissée dormir, ils lui donnaient un peu d'argent pour le midi et s'inquiétaient de la qualité de ce qu'elle mangeait au déjeuner lorsqu'ils l'entendaient vomir son dîner. "Tu devrais changer de café, ce que tu y manges ne te réussit pas !"

Plus les parents agissent rapidement en refusant un comportement qui leur paraît absurde, incompréhensible ou inadapté, moins les troubles comportementaux risquent de se développer. Ils sont "étouffés dans l'œuf". Les parents sont les sentinelles de la santé de leur enfant. S'ils ne peuvent agir directement, ils peuvent faire appel à un ensemble de professionnels qui saura les conseiller et les guider.

Les autres intervenants

Un certain nombre de jeunes consultent des médecins pour une grippe, une angine ou encore de l'acné. Le moment de l'examen peut être celui de l'amorce d'un dialogue sur le sujet de l'alimentation et de l'état psychologique dans lequel le patient se trouve.

Il s'agit pour le médecin de dépasser la demande et de la traiter. Si la personne se montre coopérante, il pourra lui proposer des entretiens et un suivi de manière à vérifier que la maladie régresse et qu'en tout cas, elle ne progresse pas.

Le médecin pourra s'allier, s'il le désire, au concours d'un nutritionniste et d'un psychiatre.

Le nutritionniste donne les directives pour juguler la perte de poids. Souvent, l'estomac de la personne anorexique s'est rétréci, si bien qu'elle ne supporte pas d'augmenter sa ration alimentaire. Dans ce cas, une astuce consiste à manger entre les repas des aliments énergétiques riches en sucres rapides et graisses de bonne qualité, utiles pour le fonctionnement du cerveau. Ces denrées, sous une forme réduite comme les fruits secs (abricots, figues, raisins…) ou les oléagineux (noix, noix de cajou, amandes, pistaches…) sont facilement absorbés. Ce grignotage est souvent très bien perçu par les patients qui se réconcilient avec la nourriture de cette façon.

Le psychiatre pourra éventuellement retrouver les éléments ayant déclenché le processus anorexique (viol, mère perçue comme étouffante, ancienne obésité…), ce qui permettra d'envisager un avenir dans un corps débarrassé de ses conflits internes. L'acceptation de formuler verbalement ses angoisses, ses phobies, se substitue progressivement au refus de toute alimentation exprimée par le corps. Le but recherché est de retrouver une relation saine avec la nourriture, rebâtir l'ego en mettant à jour ses conflits intérieurs.

L'ego (ou le "moi") est la conscience de son individualité, une forme d'amour-propre, d'orgueil qui permet de construire sa personnalité.

On a mis en effet en évidence que l'estime de soi était moindre chez les enfants et les adolescents anorexiques. Rebâtir cette estime consiste à remonter à la source du mal et éviter des rechutes. Il n'existe évidemment pas de médicaments pour regagner cette estime qui fait défaut et guérir l'anorexie mentale. En revanche, les antidépresseurs peuvent être utilisés pour traiter la dépression qui y est fréquemment associée.

À l'adolescence, une thérapie familiale est plutôt préconisée. Elle permet de préciser l'attitude des membres de la cellule familiale, de redéfinir le rôle de chacun d'eux et de déléguer à un professionnel le volet thérapeutique. L'aspect parfois ludique favorise l'adhésion des jeunes qui se sentent facilement jugés.

Certains services hospitaliers ont développé une consultation familiale intégrée. C'est le cas, par exemple, de l'Hôpital Robert Debré à Paris, dans le service de psychopathologie de l'enfant et de l'adolescent – Tél. : 01 40 03 22 92.

Ces unités suivent conjointement les différentes familles d'anorexiques de manière à rompre leur isolement, à les déculpabiliser et à les impliquer plus directement dans la relation thérapeutique. Suivant la gravité, les entretiens familiaux se déroulent en hôpital de jour sur une demi-journée, permettant ainsi de préparer une éventuelle hospitalisation si nécessaire. Le but de ce suivi est de canaliser l'agressivité, de réduire le sentiment d'échec et de responsabiliser les différents membres de la cellule familiale.

Des massages relaxants peuvent également être préconisés. Ils permettent à l'anorexique de retrouver à travers les mains d'une tierce personne les véritables contours de son corps, que plus personne ne touche. En effet, la sexualité est absente de la vie de l'anorexique. La perte des fonctions sexuelles est d'ailleurs un signe précoce de cette pathologie. En effet, la personne tournée vers l'intérieur de son être désinvestit sa sexualité. Le plus souvent, même la masturbation est inexistante chez la personne atteinte d'anorexie mentale.

Face aux modifications de comportement psychique de l'adolescent : irritabilité, hypersensibilité au bruit, apathie, des méthodes de relaxation sont généralement profitables. Elles conduisent à un relâchement de l'attitude d'opposition qui emprisonne le malade. L'apprentissage d'une respiration calme et posée est une porte ouverte vers celle permettant de retrouver le plaisir de l'alimentation. En faisant le vide dans sa tête et dans son corps, l'anorexique n'a plus besoin de le rechercher dans son estomac.

Bref, à la phase initiale de la maladie, lorsqu'elle n'est pas encore ancrée dans un rituel et dans l'anarchie d'un comportement alimentaire, plusieurs méthodes sont susceptibles de porter leurs fruits à condition de procéder avec confiance et persévérance. L'adhésion de l'adolescent est plus aisée à obtenir au début du traitement. C'est donc un moment privilégié.

Ce qu'il ne faut pas faire

- *Utiliser la nourriture pour établir un contact, pour récompenser ou pour punir.*
- *Faire des commentaires sur sa maigreur.*
- *Comparer son aspect physique avec celui d'un autre.*
- *Laisser la personne s'isoler. Soyez plutôt la bouée à laquelle elle peut s'accrocher.*
- *Banaliser la situation.*
- *Dramatiser à l'excès la situation au-delà de l'équipe traitante.*
- *Penser qu'il vaut mieux attendre pour consulter un médecin.*
- *Répéter inlassablement à son enfant qu'il faut manger.*

Caroline est une jeune fille qui poursuit ses études à l'université. Ses parents tiennent une épicerie. Elle n'a jamais posé de problèmes, même lorsqu'au sortir de l'enfance, elle a appris qu'elle était une enfant adoptée.

Elle se présente comme une jeune fille douce, effacée presque diaphane. Lorsque le médecin l'interroge sur ses relations avec ses parents, elle les décrit comme "des brutes qui ne pensent qu'à bouffer". Ils la persécutent à travers la nourriture.

Ce cas clinique est intéressant, car il montre la perception de Caroline vis-à-vis de ses parents adoptifs. Ceux-ci s'intéressent plus à la "rationalisation" (le fait concret) : elle ne mange pas assez, qu'à la "racine" de ses troubles alimentaires : l'adoption qui n'a pas été acceptée aussi favorablement qu'ils veulent bien le croire. Autrement dit, la raison (il faut manger) prime sur la compréhension (pourquoi refuse-t-elle de se nourrir). En réponse, comme Sainte Catherine de Sienne (cf. page 49), Caroline préfère s'évader vers un idéal au risque de lui sacrifier sa vie.

L'image interne de Caroline, ce que nous avons appelé le "miroir intérieur", est perturbée. La nouvelle de son adoption a provoqué l'effondrement du schéma familial dont elle était partie intégrante. Quand elle se regarde dans le miroir, elle ne voit plus qu'une étrangère et ne reconnaît plus son identité aux origines inconnues. Les fondements affectifs sur lesquelles elle se reposait (ceux qu'elle croyait être ses parents) n'existent plus. Il lui faudra beaucoup de temps pour recoller les morceaux et se reconstruire une identité…

La phase d'état

La personne anorexique

L'excitation de la perte de poids est renforcée par la sensation passagère d'être plus performante physiquement et intellectuellement. La personne savoure les nouvelles possibilités offertes par son corps délesté et désire "traquer" le plus petit bourrelet jusque dans ses retranchements les moins visibles. Elle veut distinguer chacune de ses côtes, ne plus entrevoir de culotte de cheval, l'idée même lui en est insupportable.

Elle examine ses fesses, mais ne remarque pas la maigreur de son visage, de ses bras et de ses cuisses. Aveuglée par l'éclat du détail, elle méconnaît la gravité de son état de santé et ignore sa fatigue.

L'anorexique méconnaît sa maigreur et la gravité de son état de santé. L'un et l'autre n'existent pas pour elle, c'est ce que l'on appelle en psychologie : "le déni".

Ce déni rend difficile le repérage de la réduction alimentaire volontaire. Sans atteindre le jeûne complet, il y a un refus actif de nourriture en dépit d'une faim persistante.

Elle se lance dans des mesures incessantes de son poids et de son tour de taille avant, après et entre les repas. Elle vérifie, compare, évalue, élabore de nouvelles stratégies.

Toutefois, la faim est toujours présente, torturante, entraînant parfois des crises de boulimie où la personne se jette sur la nourriture de façon plus ou moins programmée. Ces crises de boulimie peuvent s'inscrire dans un rituel où la jeune femme achète les aliments, s'en retourne chez elle et les consomme dans un temps record. Après quoi, assaillie par les remords, elle se provoquera des vomissements. Ce comportement peut entraîner des épisodes de constipation, diarrhées et des douleurs abdominales.

La perte de poids représente pour l'anorexique une victoire sur son corps, sur elle-même, sur la société si encline à l'obésité. Chaque kilo perdu est un triomphe personnel qui vient renforcer sa motivation. En ce sens, cette maladie s'apparente à la mégalomanie, c'est-à-dire à une surestimation de ses capacités et de sa personnalité. Ce sentiment est renforcé par l'état d'hyperactivité aussi bien physique qu'intellectuelle, caractéristique de l'anorexique et souvent source de réussite scolaire ou socioprofessionnelle. La motivation est telle que cette situation peut persister quelque temps en dépit d'un état clinique grave.

La maîtrise exercée grâce à la faim volontaire permet la domination de soi-même, confinant parfois à l'ascèse. Le refus d'admettre la réalité de sa maigreur et la gravité de son état caractérise le "déni délirant de la réalité".

Dans une de ses premières lettres, Sainte Catherine de Sienne (morte en 1380), atteinte d'anorexie mentale, exprime sa conception de la foi pour se rapprocher de Dieu et vaincre sa vanité:

« Voici ce que désire mon âme: vous voir mourir d'un saint et sincère désir, c'est-à-dire que pour l'attachement et l'amour que vous avez de la gloire de Dieu, du salut des âmes et de l'exaltation de la sainte Église, je veux vous voir accroître tellement cette faim que vous tombiez mort de cette faim, que pareil au Fils de Dieu qui, pour une si grande faim, mourut, vous tombiez mort à tout égoïsme. » (Lettre XVI).

Sainte Catherine de Sienne est morte jeune. La réalité de son anorexie ne fait aujourd'hui plus aucun doute. Sa foi, toute tournée vers Dieu, oublie la réalité des besoins les plus essentiels comme celui de se nourrir. L'absorption de nourriture devient un acte égoïste qui détourne du seul objectif louable: aimer Dieu.

Les buts visés ne sont pas toujours aussi élevés et aussi caricaturaux. Cependant le point commun aux anorexiques est le désir de parvenir, coûte que coûte, au résultat escompté. Si la perte de poids n'est pas suffisante, la personne atteinte d'anorexie s'astreint à de nouvelles contraintes en fonction de critères personnels. Elle supprime de nouveaux aliments, change ses horaires de repas, entre dans des rituels destinés à faciliter l'atteinte de ses objectifs sans cesse repoussés. Un sentiment d'échec peut alors survenir, provoquant des crises de boulimie qui, à leur tour, renforcent le sentiment d'échec.

Pour les parents

Aux éléments déjà décrits à la phase de constitution, vient souvent s'ajouter une mésentente familiale. Leur enfant est souvent exigeant, voire tyrannique. Il réclame certains plats, passe des heures dans la cuisine à préparer des mets, oblige l'achat de certaines denrées pour, au final, ne rien manger. Les parents sont désarmés.

Adeline est âgée de 23 ans. Elle poursuivait des études de langue en faculté, mais l'anorexie mentale l'a contrainte à les arrêter. Elle vit chez ses parents alors que son frère aîné a déjà quitté la maison depuis plusieurs années. Sa mère fait les courses la veille pour le lendemain en fonction des désirs d'Adeline. Dès onze heures du matin, elle squatte la cuisine pour y préparer son déjeuner et le consommer seule. Tout cela dure plusieurs heures. Vers midi et demi, les parents excédés, exigent qu'elle leur laisse enfin la cuisine, afin qu'ils puissent eux aussi manger. Elle leur demande d'attendre et d'attendre encore. Vers treize heures, ils font irruption pour préparer le déjeuner et se mettre à table avec elle. Là-dessus, leur fille se lève et met tout son repas à la poubelle en disant qu'on ne la comprend pas et qu'on ne veut pas qu'elle mange.

La vie d'Adeline est ancrée dans un rituel et tout est prétexte à ne pas manger. La lenteur de la préparation retarde d'autant la consommation des aliments. L'intrusion de ses parents fournit l'échappatoire.

Si l'on y regarde de plus près, on y verrait un profond désespoir. Cette lenteur dans la préparation des repas, le côté presque sensuel qu'elle met pour que tout soit parfait, ne sont pas sans évoquer une certaine érotisation de la nourriture.

Tout se passe comme si elle investissait sexuellement la nourriture pour finalement ne pas "consommer". L'anorexique mentale est en effet incapable d'assumer le rôle génital et les transformations corporelles inhérentes à la puberté. Son trouble de l'image du corps est lié à un défaut de reconnaissance de ses sensations et de ses besoins. Ce manque serait dû à l'attitude de la mère qui aurait substitué sa propre échelle de valeur à celle de son enfant. Dès lors, devenu incapable de reconnaître ses propres besoins, l'adolescent se trouve fragilisé et dépendant de son entourage.

Cette dépendance est à l'âge adulte tout d'abord financière. En effet, l'état de santé à cette phase n'est fréquemment plus compatible avec la poursuite des études ou un travail rémunéré. Le cas d'Adeline est typique à cet égard. Elle a dû arrêter toute activité estudiantine ; elle vit chez ses parents dans un état de dépendance complète.

Elle lutte pour reconquérir son autonomie et son identité déficiente. Le contrôle de son corps est le seul moyen dont elle dispose pour cela. Pour développer cette identité, elle va étendre son emprise sur sa famille et parvenir à renverser les rôles. La famille devient dépendante de ses horaires et de son bon vouloir d'ingérer ou non son repas. Comment imaginer que ses parents aient le cœur à déjeuner lorsque leur fille, déjà amaigrie, jette le contenu de son assiette en les accusant ?

Pour le médecin

Il est difficile de faire la différence entre un régime, une dépression passagère et une anorexie mentale lors de la phase de constitution. En revanche, une fois la maladie installée, plusieurs éléments plaident pour ce diagnostic. On parle des 3 A :

• *Amaigrissement*

Pour pouvoir parler d'anorexie mentale, la perte de poids doit être supérieure à 25 % par rapport au poids initial. Par exemple, une fille pesant 60 kg perdrait (60 x 25/100) 15 kg. Elle ne pèserait plus que 45 kg dans notre exemple.

• *Anorexie*
L'apparition des troubles alimentaires a lieu généralement avant l'âge de 25 ans. La relation avec la nourriture est très perturbée, avec une peur panique de prendre du poids et de devenir obèse. Ces troubles liés à la nourriture peuvent être accompagnés d'un cortège de signes fortement évocateurs : rituels, agressivité, isolement…

• *Aménorrhée* (absence de menstruations)
Cette absence de règles n'est pas forcément la conséquence de la perte de poids. Dans un cas sur deux, elle débute en même temps que les troubles alimentaires.

Dans le cas de l'anorexie, l'aménorrhée est due à un manque d'œstrogènes. Les œstrogènes sont des hormones, c'est-à-dire des protéines. En phase d'anorexie, la synthèse des protéines est diminuée, ce qui explique la diminution de la production de cette hormone. D'autre part, un choc psychologique peut également diminuer la synthèse de ces hormones.

Au début du cycle menstruel, les œstrogènes, synthétisés principalement par les ovaires, favorisent l'épaississement de l'endomètre, qui est la muqueuse de l'utérus. Cet endomètre ainsi épaissi permet la nidation, c'est-à-dire l'implantation de l'ovule fécondé dans l'utérus. Après l'ovulation, une partie de l'ovaire synthétise une autre hormone : la progestérone. S'il n'y a pas de fécondation, la production d'œstrogènes et de progestérone diminue. Au bout de 14 jours environ après l'ovulation, l'utérus expulse, par des contractions, cette muqueuse utérine devenue inutile. Les règles apparaissent.

À ces trois critères (les 3 A), certains spécialistes en ajoutent au moins deux autres parmi ceux qui suivent :

- Des vomissements. Une fois sur trois, l'anorexique les provoque pour éviter tout stockage de nourriture sous forme de graisse.
- Une hyperactivité physique avec des mouvements de gymnastique qui suivent les collations.
- Des épisodes boulimiques, c'est-à-dire une absorption importante de nourriture de manière incontrôlable.

L'anorexique peut tenter de dissimuler malgré tout l'étendue de sa maladie, ce qui rend difficile l'évaluation du stade atteint. En examinant sa patiente ou son patient, le médecin confirme le diagnostic d'anorexie par les éléments suivants :

- La disparition du tissu graisseux.
- La fonte musculaire (amyotrophie). Les muscles, au lieu d'être bombés et saillants, sont simplement posés sur les os. Dans les cas extrêmes, ils sont presque absents et l'on peut apercevoir le squelette à travers la peau. Les anorexiques présentent alors tous les signes de la dénutrition, avec une paroi abdominale si fine que le ventre prend la forme d'un ballon sous la peau.

- La sécheresse de la peau. L'absence de tissu graisseux alliée aux troubles de la microcirculation provoque une sécheresse de la peau, obligeant parfois la personne à se gratter. On peut alors apercevoir des lésions de grattage.
- Les extrémités des mains et des pieds qui peuvent être violacées du fait des troubles de la microcirculation.
- L'apparition d'un duvet dans le dos, sur les joues et sur les avant-bras. Cette augmentation de la pilosité combat le froid induit par la perte de la masse graisseuse.
- Les battements du cœur qui descendent en dessous de 60 pulsations par minute du fait de la diminution de la sécrétion des hormones thyroïdiennes.
- La température du corps qui s'abaisse pour lui éviter de brûler trop de calories et freiner ainsi la perte de poids.
- Une tension artérielle diminuée.
- L'altération de l'émail dentaire, si des vomissements accompagnent l'anorexie (en raison de l'acidité des sucs gastriques).
- Des ulcères à l'œsophage du fait des vomissements répétés. On retrouve parfois des lésions à la surface des mains à cause de l'acidité du liquide gastrique (estomac). Ces atteintes sont dues au grand nombre de fois où les personnes mettent leurs doigts dans la bouche pour provoquer les vomissements. Certaines peuvent se faire vomir jusqu'à 30 fois par jour…

Comme dans toute maladie, il existe différents degrés de gravité. Le médecin les appréciera sur trois critères :

1 L'importance de la perte de poids en appréciant la différence entre le poids maximal et le poids constaté le jour de la consultation. Une grande différence de poids est péjorative.

2 La vitesse de l'amaigrissement qui consiste à déterminer le temps pendant lequel la perte de poids s'est manifestée. Il est évident que plus la perte de poids est importante sur un laps de temps court, plus la sévérité est importante.

3 Le calcul de l'index de corpulence (ou de masse corporelle) : IMC ou BMI (Body Mass Index). On calcule cet index en divisant le poids de la personne en kilogrammes par deux fois sa taille. Quel est l'IMC d'une personne qui mesure 1,60 m et pèse 40 kg ? Réponse : 40 divisés par 1,60 égale 25, que l'on redivise par 1,60, ce qui fait 15,65. L'IMC est donc de 15,65.

IMC ou BMI = poids en kg/taille m^2

Normalement, cet IMC est compris entre 18,5 et 23 kg/m^2 chez les femmes. On considère que l'anorexie est :

- modérée lorsque l'indice de corpulence est inférieur à 17,5 kg/m^2 ;
- sévère en dessous de 15 kg/m^2 et nécessite une hospitalisation ;

- critique lorsqu'il tombe en dessous de 12,5 kg/m^2. Le pronostic vital est en jeu.

Le tableau qui suit permet de repérer les normes en fonction de la taille de la personne :

- La colonne "poids insuffisant" donne la limite en dessous de laquelle le poids devient insuffisant.
- La colonne "anorexie modérée" donne des chiffres en dessous desquels l'anorexie mentale est considérée comme modérée.
- La colonne "anorexie sévère" situe la limite où une hospitalisation est nécessaire.
- La colonne "anorexie critique" donne la limite extrême où la vie est menacée.
- Les colonnes suivantes donnent les chiffres à partir desquels commence le surpoids, respectivement, chez l'adolescent de plus de 15 ans (IMC > 23 kg/m^2) et chez l'adulte (IMC > 25 km/m^2).

Au niveau des adultes, les marges admises sont plus larges. En fonction du BMI, on pourra apprécier la normalité du poids ou l'état de gravité comme suit :

- *critique IMC < 12,5*
- *modéré IMC < 17*
- *sévère IMC < 15*
- *normal IMC < 25*

Ces chiffres calculés en fonction du poids et de la taille sont très importants à relever.

	Poids insuffisant	Anorexie modérée	Anorexie sévère	Anorexie critique	Poids excessif ado	Poids excessif adulte
1,50	41,0	39,4	33,8	28,1	51,8	56,3
1,52	42,0	40,4	34,7	28,9	53,1	57,8
1,54	43,2	41,5	35,6	29,6	54,5	59,3
1,56	44,3	42,6	36,5	30,4	56,0	60,8
1,58	45,4	43,7	37,4	31,2	57,4	62,4
1,60	46,6	44,8	38,4	32,0	58,9	64,0
1,62	47,8	45,9	39,4	32,8	60,4	65,6
1,64	49,0	47,1	40,3	33,6	61,9	67,2
1,66	50,2	48,2	41,3	34,4	63,4	68,9
1,68	51,4	49,4	42,3	35,3	64,9	70,6
1,70	52,6	50,6	43,4	36,1	66,5	72,3
1,72	53,8	51,8	44,4	37,0	68,0	74,0
1,74	55,1	53,0	45,4	37,8	69,6	75,7
1,76	56,4	54,2	46,5	38,7	71,2	77,4
1,78	57,7	55,4	47,5	39,6	72,9	79,2
1,80	59,0	56,7	48,6	40,5	74,5	81,0

Tableau n° 3 :
Degré d'anorexie et d'obésité en fonction de l'IMC

En fonction du BMI déterminé chez le patient adolescent, plusieurs cas de figure se présentent :

1 • BMI inférieur à 17
Deux éventualités peuvent se présenter. Si l'adolescent a toujours été maigre, il n'y a pas lieu de s'inquiéter à condition qu'il n'y ait pas de perte de poids récente. Dans le cas contraire, il est vivement conseillé de consulter un médecin afin qu'il fasse le point sur l'origine de cette perte de poids et sur ses conséquences.

2 • BMI inférieur à 15
Dans ce cas, il est impérativement nécessaire de consulter. Si l'amaigrissement est important et récent, le médecin prescrira très certainement une hospitalisation. L'évocation de la prise en charge hospitalière provoque chez l'anorexique un rejet souvent violent. Il promet de faire des efforts pour manger davantage. Il jure qu'il a déjà commencé à s'alimenter. Il montre tellement de bonne volonté et de sincérité que l'on peut être tenté de se donner un peu de temps pour vérifier si, en fin de compte, il n'a pas raison.

Tout ajournement à l'hospitalisation est préjudiciable à sa santé. En effet, si les intentions se trouvent confirmées, alors l'hospitalisation sera de courte durée et aura au moins permis de décharger un peu la famille d'une anxiété envahissante. Si la personne continue à perdre du poids, alors c'est que l'hospitalisation se trouvait justifiée.

Hormis l'hospitalisation, la seule façon de permettre à la personne de reprendre quelques kilos est de lui proposer quotidiennement une alimentation très hypercalorique, riche en glucides (sucres) et en graisses d'assaisonnement. Une telle augmentation des quantités ingérées se heurte souvent à un sentiment de satiété et à une peur de devenir obèse.

La ration calorique moyenne d'un adolescent de poids normal comprend environ 2000 à 2200 kcal/j ; on dit qu'elle est normocalorique.

En période d'anorexie, les quantités absorbées représentent environ 500 kcal/j ; on dit que l'alimentation est hypocalorique.

Pour reprendre du poids, il faut que la personne augmente sa ration énergétique au-dessus de ce qu'elle brûle, soit environ 2500 à 3000 kcal/j, c'est-à-dire cinq à sept fois plus que dans la phase d'anorexie. La seule comparaison de l'ordre de grandeur de ces chiffres permet de comprendre pourquoi il est si difficile à quelqu'un de maigre de reprendre du poids et plus encore, s'il est anorexique.

3 • BMI inférieur à 12,5

Attention, ce chiffre est la limite au-delà de laquelle tout peut basculer. Le corps peut pendant très longtemps accepter des restrictions importantes. Il vit en effet sur ses réserves. Tout se passe comme si le corps humain était une automobile alimentée par son carburant. Malheureusement, il n'existe pas réellement de voyant lumineux pour signifier à l'individu qu'il ne vit plus que grâce à sa réserve (l'hyperactivité cache l'appauvrissement du corps en énergie). Une fois celle-ci épuisée, le point de non-retour est atteint. Seule une hospitalisation permet de réapprovisionner dans les plus brefs délais le corps humain en combustible. L'alimentation seule ne suffit plus.

La survenue d'une diarrhée incoercible est de plus mauvais pronostic.

En cas de dénutrition grave et prolongée, lorsque les carences sont importantes, la réalimentation doit être progressive afin d'éviter des risques d'hypokaliémie (chute du potassium sanguin). En effet, la réintroduction des protéines provoque une diminution du potassium sanguin (il faut 5 mmol de potassium pour absorber 1 gramme d'azote). Il n'est pas rare de devoir atteindre des quantités proches de 3000 kcal pour observer une reprise du poids.

En tout état de cause, une prise de sang pourra confirmer la gravité de la maladie, car la balance n'est pas toujours le meilleur moyen pour apprécier la dénutrition. En effet, celle-ci est souvent plus importante qu'il n'y paraît car il existe souvent une rétention d'eau provoquant des œdèmes chez la personne souffrant de dénutrition. Cette rétention majore artificiellement le poids observé.

Un examen sanguin enregistre l'état des grandes fonctions organiques :

- Le système des glandes (endocrinien) : comme indiqué précédemment, une disparition des règles chez la jeune femme anorexique est constatée. Par ailleurs, les taux de corticoïdes fabriqués par l'organisme sont augmentés comme dans toute situation de stress intense. Les hormones thyroïdiennes sont par contre diminuées, ce qui explique la frilosité lors de l'amaigrissement et le ralentissement de la fréquence cardiaque.
- Le métabolisme : le taux du sucre diminue de même que la créatinine qui reflète la masse musculaire.
- Le sang : les globules rouges, les blancs et les plaquettes diminuent, ainsi que le fer, surtout en cas de vomissements.
- Le foie : il existe une souffrance du foie qui libère ses enzymes. Il fonctionne moins et les protéines qu'il fabrique sont moins nombreuses (albumine, urée et fibrinogène).
- Les reins : en vérifiant la créatinine, l'urée, mais aussi le potassium qui est chassé par les vomissements et la prise de laxatifs.

Les complications de l'anorexie mentale à ce stade

En dehors des complications relatées pendant la phase de constitution de la maladie, on retrouve une fois sur cinq des épisodes de boulimie qui succèdent à des journées de jeûnes, parfois complètes. Le corps tente en effet à ce stade de réagir au-delà de la volonté de ne pas s'alimenter. Ces alternances d'anorexie et de boulimie sont très déstructurantes pour la personne qui oscille ainsi de l'une à l'autre, perdant à chaque fois ses repères alimentaires et pondéraux. Dans ce cas, le poids des anorexiques est relativement bien conservé, car les crises de boulimies viennent compenser la perte de poids due à la dénutrition et aux vomissements.

Pour accélérer la perte de poids, l'anorexique est souvent tentée de rendre son repas ou de prendre des laxatifs (parfois les deux). L'un et l'autre sont préjudiciables, car ils provoquent une déperdition des minéraux, notamment du potassium, ce qui peut se révéler dramatique.

Un soir, Samia vient consulter. Elle est âgée de 18 ans. Après une période d'euphorie, elle est fatiguée et éprouve des douleurs musculaires. Elle ressent parfois des palpitations. Comme beaucoup de jeunes filles de son âge, elle est un peu maigre, sans excès. Le médecin lui prescrit une prise de sang à faire pratiquer le lendemain matin et un peu de potassium.
Le lendemain matin, le commissaire appelle le médecin. Samia est morte durant la nuit et il veut recueillir son avis sur le décès. Aucune lésion n'est retrouvée, mais à portée du lit, ils retrouvent de nombreuses boîtes vides de laxatifs.

Bien que n'étant pas très amaigrie, Samia avait une anorexie mentale qu'elle avait particulièrement bien cachée à sa famille. Elle se procurait elle-même des laxatifs et en utilisait des quantités importantes. Il est probable qu'elle se provoquait des vomissements qui accentuaient ses carences. Ces vomissements, alliés aux laxatifs, ont causé une carence en potassium. Cette déperdition, à son tour, a provoqué des troubles du rythme cardiaque qui, malheureusement, lui furent fatals.

La dénutrition : la mauvaise pente

Les complications de la dénutrition ne sont pas toujours immédiates. Normalement, une alimentation apporte des micronutriments (vitamines et minéraux) et des macronutriments (glucides [sucres], lipides [graisses] et protéines [viande]). Ces macronutriments apportent l'énergie nécessaire au bon fonctionnement de l'organisme. Cette énergie est comptabilisée en calories, que l'on note kcal :

- 1 gramme de glucide apporte 4 kcal.
- 1 gramme de protide apporte 4 kcal.
- 1 gramme de lipide apporte 9 kcal.
- 1 gramme d'alcool apporte 7 kcal.

Une alimentation "normale" est constituée d'environ 55 % de glucides, 30 % de lipides et

15 % de protides, apportant entre 2000 et 2500 kcal suivant la taille et le poids de l'individu. On parle d'"apports énergétiques".

A contrario, le fonctionnement de l'organisme et l'activité physique utilisent des calories. On parle de "dépenses énergétiques".

Si les apports et les dépenses énergétiques s'équilibrent, alors le poids reste stable.

Si les dépenses énergétiques sont supérieures à l'énergie absorbée par l'alimentation, la personne perd du poids. Progressivement, le corps diminue sa consommation propre que l'on appelle le "métabolisme basal", de manière à enrayer le processus d'amaigrissement. Les cellules graisseuses diminuent la sécrétion d'une hormone qui leur est propre et qui s'appelle la "leptine" (du grec *leptos* = mince). Comme cette hormone diminue, la faim se déclare et peut devenir insupportable.

Si la personne se met à ingérer de la nourriture, les apports deviennent supérieurs aux dépenses et le poids augmente. Parfois, la faim est si présente et le manque de nourriture si difficilement supportable psychologiquement que des crises de boulimie peuvent se produire. Lorsque ces crises ne sont pas suivies de vomissements, le poids récupère le stade antérieur, ce qui explique que des patients qui connaissent le processus anorexie-boulimie ont un poids à peu près "normal". Cependant, tel n'est pas toujours le cas. En cas de perte de poids, des carences en macronutriments et en micronutriments apparaissent provoquant une réaction en chaîne dans l'organisme.

Les glucides

Quand il réduit son alimentation volontairement, le candidat à la perte de poids met essentiellement l'accent sur les glucides (par exemple le sucre, le pain, les féculents, les fruits...). Son effort se concentre en premier lieu sur ce nutriment. Or, les organes nobles (le cerveau, les reins, les cellules qui fabriquent le sang) ne savent normalement utiliser que l'énergie provenant de la dégradation des glucides.

Le glucose mis à la disposition de l'organisme provient du foie. Les muscles aussi contiennent du glucose, mais ils le gardent pour leur consommation propre sans jamais le mettre à la disposition des autres organes.

Lorsque le glucose hépatique (du foie) a été entièrement utilisé, les organes doivent alors travailler au ralenti et trouver rapidement d'autres sources d'approvisionnement.

Heureusement, la nature a trouvé une parade. En cas de jeûne plus ou moins prolongé, afin de laisser aux organes "nobles" le sucre qui leur est indispensable (le glucose), les autres organes vont se contenter, pour leur fonctionnement, de composés (corps cétoniques) issus de la dégradation des graisses (lipides).

Les lipides
La graisse corporelle contenue sous la peau et autour des organes représente une énorme réserve d'énergie. Le tableau n° 4 (page 70) montre que pour une personne de 65 kg la quantité de graisse représente 9 kg. Comme chaque gramme de graisse corporelle représente environ 7,6 kcal (il s'agit de graisse corporelle et non de lipides purs), un simple calcul donne une réserve d'énergie de 68400 kcal (7,6 kcal x 9000 g de graisse) pour le corps entier.

La graisse ne peut pas se transformer en sucre. Cependant la dégradation des triglycérides contenus dans la graisse fournit des cétoniques qui suppléeront l'absence de glucides et fourniront aux cellules de l'organisme, l'énergie dont elles ont besoin.

Le rôle de la graisse ne se limite pas à fournir de l'énergie à l'organisme. Elle nous protège aussi contre les agressions extérieures. C'est un petit matelas qui amortit les coups, limite la profondeur d'une blessure, protège du froid, permet les échanges électriques entre les cellules. C'est aussi un tissu hormonal qui envoie des messages (hormones) au cerveau. En cas de diminution substantielle de la prise alimentaire, la graisse diminue de façon très importante, car elle doit fournir la très grande partie de l'énergie nécessaire au fonctionnement du corps (cf. tableau ci-dessous).

Cet amaigrissement entraîne des modifications préjudiciables au bon fonctionnement du corps, qui a besoin d'énergie et de matériaux. L'organisme est un peu comme une maison que l'on doit sans cesse entretenir en remplaçant les pierres ou les tuiles du toit qui sont détériorées. Dans l'organisme, ces matériaux s'appellent les "acides aminés". Ils se regroupent pour former à leur tour les protéines.

Les protéines

Les protéines se retrouvent sous différents aspects au sein de l'organisme. Elles sont nos hormones, nos enzymes ; elles forment le collagène, l'élastine, qui sont les fibres de soutien de nos cellules, le squelette de nos organes qui en assure la rigidité.

En cas de privation, les acides aminés qui sont les constituants des protéines viennent à manquer. Comme dans la construction d'un édifice, faute de matériaux de construction, de tuiles par exemple, des trous apparaissent dans la toiture. L'eau de pluie s'insinue et la fragilise jusqu'à ce qu'elle s'écroule. Mais il y a pire !

Dans un processus de dénutrition, les protéines vont être mises à contribution pour fabriquer ce sucre indispensable aux organes nobles. Parmi ceux-ci, le cerveau absorbe 350 kcal par jour, c'est-à-dire environ 16 % de l'énergie totale quotidiennement consommée par tout l'organisme, alors que son poids ne représente que 2 % du poids du corps ! Pour faire face à la demande, le corps va puiser sur le stock des protéines contenues tout d'abord dans le foie, puis dans les reins.

C'est ce que l'on appelle la "néoglucogenèse". Parallèlement à cela, les muscles fondent.

La néoglucogenèse est la formation de glucose à partir de précurseurs qui ne sont pas des sucres, comme les acides aminés (mais aussi le pyruvate, le lactate et le glycérol).

Tout se passe comme si le corps s'autodigérait pour permettre la transformation des fragments de protéines (les acides aminés) en glucides. Le problème est que cette néoglucogenèse est très coûteuse en énergie. Comme beaucoup de calories sont dépensées pour assurer cette réaction biochimique, l'amaigrissement s'en trouve d'autant accéléré.

On arrive alors à un paradoxe : en cas d'amaigrissement, pour assurer l'alimentation en carburant des organes nobles, le corps accélère son amaigrissement.

La nature a prévu dans ce cas un dernier rempart de protection. En cas de jeûne prolongé, le cerveau acquiert finalement la capacité d'utiliser les corps cétoniques comme les autres organes. De ce fait, la masse protéique se trouve épargnée. Il faut en effet que les fibres des muscles vitaux puissent continuer à se contracter. Ce sursis ne peut durer qu'un certain laps de temps ; après, la mort n'est plus très loin…

On voit sur le tableau ci-contre (d'après Davidson et Passmore) l'évolution de la composition du corps en fonction de la perte de poids.

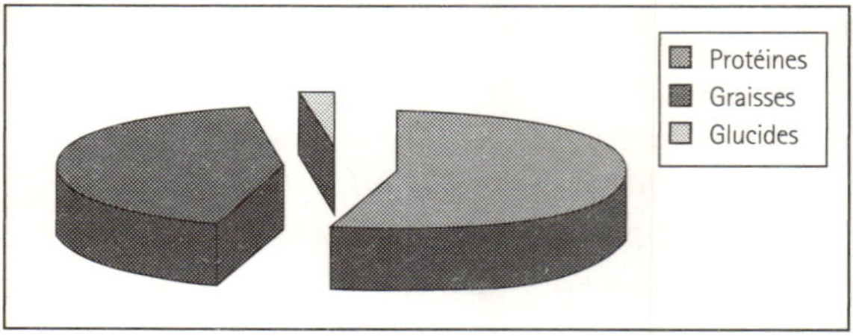

65 kg	Protéines	11,5 kg
	Graisses	9,0 kg
	Glucides	0,5 kg

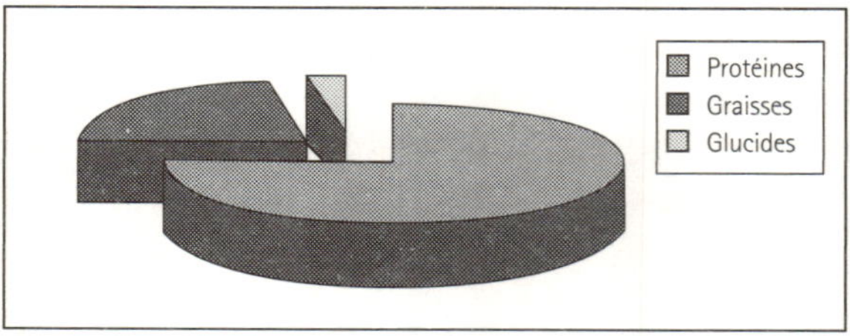

48,8 kg	Protéines	8,5 kg
	Graisses	2,5 kg
	Glucides	0,3 kg

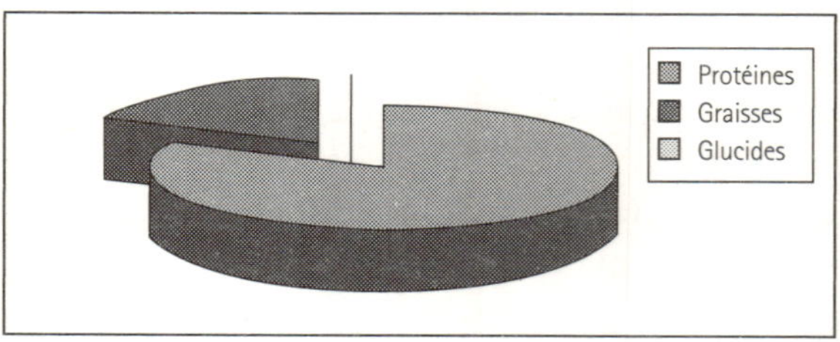

33 kg	Protéines	4,0 kg
	Graisses	0,9 kg
	Glucides	0,0 kg

Tableau n° 4 : répartition de la composition corporelle en fonction de la perte de poids

- Le schéma du haut correspond à un poids normal avec une composition habituelle.
- Le schéma du milieu correspond à une perte de poids de 25 % (18,8 kg pour 65 kg initiaux). On voit sur le "camembert" que la masse grasse fait les frais de cette perte de poids. La masse protéique (les muscles) est conservée en valeur relative. La représentation graphique est trompeuse, car en valeur absolue, la perte de poids a touché aussi la fraction protéique (8,5 kg au lieu des 11,5 kg initiaux), de façon à transformer les acides aminés en glucides.
- Le schéma du bas correspond à une perte de 50 % du poids (33 kg contre 65 kg initiaux). La masse grasse a fondu pour fournir de l'énergie à l'organisme. Elle a été divisée par 10 (0,9 kg contre 9 kg initiaux). La masse protéique continue à être "digérée" pour se transformer en sucres à usage des organes privilégiés. Elle a été divisée pratiquement par 3 (4 kg contre 11,5 kg initiaux). Les glucides, quant à eux, ont été consommés en totalité. La situation devient critique.

  Dans ce dernier cas, tous les verrous ont sauté.

Les protéines doivent assurer à elles seules:
- l'alimentation du cerveau en sucre (par leur transformation),
- le rôle de réparation des organes lésés (le patrimoine génétique est constitué entre autres de protéines),

- le rôle hormonal,
- le rôle de défense contre les microbes (anticorps),
- le rôle enzymatique (les enzymes permettent les réactions chimiques),
- le rôle de transporteur pour l'oxygène (l'hémoglobine est une protéine),
- le rôle protecteur vis-à-vis du soleil (le bronzage est dû à la mélanine, qui est une protéine), etc.

Par ailleurs, chez l'enfant et l'adolescent, les protéines doivent continuer à assurer la croissance. Autrement dit, les apports doivent demeurer supérieurs aux pertes.

Un adolescent "brûle" entre 2200 à 2500 kcal par jour. Dans l'anorexie, les apports énergétiques dus à l'alimentation sont réduits à 500 kcal par jour, parfois même à 300 kcal, c'est-à-dire 4 à 8 fois moins que ce qu'il lui faudrait pour compenser les dépenses. On comprend qu'à un âge où tout l'organisme est tourné vers son développement, une telle carence ne peut perdurer bien longtemps.

Certaines conséquences de la dénutrition sont visibles très tôt comme la chute des cheveux et les caries dentaires. Mais le manque de vitamines et de minéraux provoque rapidement une fatigue dans tout l'organisme, qui doit s'économiser pour ne pas succomber.

Vitamines et minéraux
Les vitamines et les minéraux sont les auxiliaires indispensables au bon fonctionnement de la vie. *Vitamine* signifie du reste “indispensable à la vie”.

En cas de dénutrition, ces micronutriments viennent rapidement à manquer. De nombreuses études ont montré que même chez le sujet sain, les apports quotidiens recommandés ne sont pas respectés. Chez l’anorexique, la carence survient très tôt et nécessite une supplémentation précoce.

On pourra suspecter une carence en vitamines à chaque fois que l’on rencontrera les signes suivants :

- photosensibilisation (réaction de rougeur à la lumière) : vit. B1 ;
- séborrhée naso-labiale (peau très grasse de part et d’autre du nez et de la bouche) : vit. B2 ;
- peau sèche : vit. A ;
- saignements des gencives : vit. C ;
- stomatite (inflammation de la bouche), langue dépapillée : vit. B1, B2, B6, B3, B12 ;
- cheilite, gingivite (inflammation des lèvres, des gencives) : vit. A, C ;
- rachitisme : vit. D, zinc ;
- douleurs osseuses : vit. D, C ;
- signes nerveux avec troubles de l’attention : vit. B1, B6, B9, B12, magnésium, calcium ;
- anémie : vit. B9, B12, fer ;
- irritabilité, spasmophilie, tétanie : magnésium, calcium ;
- troubles du rythme cardiaque, crampes : potassium.

Comment agir à ce stade ?

Plus encore que lors de la première phase, ce stade relève de la médecine. Ce qui n'empêche pas l'action des parents ni des autres intervenants, mentionnés dans le chapitre précédent. La maladie ayant plusieurs aspects (psychologique, comportemental, nutritionnel) et ses complications étant plurielles, la prise en charge sera le plus souvent un travail d'équipe entre le médecin généraliste, le psychiatre, le nutritionniste et la famille.

Nathalie perd régulièrement du poids depuis plusieurs mois, mais dernièrement, sa maigreur s'est accentuée. Elle consulte avec sa mère un nutritionniste. Elle se montre confiante vis-à-vis de ses examens scolaires car avec l'anorexie, elle trouve que son cerveau fonctionne mieux et plus rapidement. Elle se sent "boostée" et peut abattre un gros travail en peu de temps. Elle craint en remangeant de perdre ce bénéfice, mais souhaite tout de même grossir un peu pour retrouver une silhouette plus harmonieuse. En accord avec le médecin, un "régime" alimentaire destiné à lui faire prendre du poids est aménagé.
Ce "régime" comporte à chacun des repas principaux une entrée, un plat garni avec, si possible, du poisson et des féculents, du fromage et un dessert, en fonction de ses envies ainsi que des fruits secs et des amandes à volonté, tout au long de la journée.

Nathalie revient en ayant à nouveau perdu du poids. Lorsque le nutritionniste lui en demande la raison, elle répond qu'elle a mangé du poisson et des fruits secs comme convenu.

Dans le cas présent, Nathalie utilise les conseils du nutritionniste pour justifier son comportement. Elle retourne la situation comme si le médecin était responsable de sa perte de poids et joue l'innocente et la victime.

Les semaines passent, un contact s'établit entre le médecin et sa patiente, qui montre malgré tout une véritable envie de s'en sortir. Elle décrit sa peur de changer, de reprendre du poids, de ne plus se reconnaître, du regard des autres aussi. Le médecin lui dit qu'elle peut écrire sa nouvelle vie sur un nouveau livre en jetant aux oubliettes celui de son passé, sans se poser de questions, comme une nouvelle naissance dont elle serait elle-même l'auteur. Elle en est capable. Cette proposition lui plaît et elle reprend progressivement du poids. Lorsque celui-ci est redevenu quasi normal, elle trouve que son cerveau est bien plus performant que quand elle était anorexique où il tournait vite, mais à vide. Elle brassait beaucoup pour peu de résultats.

Parfois, une petite phrase énoncée dans un climat de confiance peut suffire à inverser le cours de la maladie. C'est pourquoi la multiplication des intervenants et de leur mode thérapeutique est si importante. Pour l'anorexique, l'estime de soi dépend de l'œil d'autrui. La reconnaissance de sa propre valeur passe par le jugement de l'autre. Dans le cas exposé, l'attitude du praticien a redonné confiance en elle à la jeune fille. Elle a relevé le défi pour le couronner de succès.

La personne anorexique possède généralement de nombreuses qualités, qui peuvent être exploitées pour accréditer le traitement. Elle est intelligente, volontaire et a le désir d'entreprendre de nombreuses activités.

L'intéresser à un domaine particulier peut être une solution : la peinture, la musique, l'écriture, l'équitation… de manière à dériver son désir de perfection dans un autre domaine.

À cet égard, les dessous de l'histoire nous révèlent des situations analogues célèbres. L'impératrice Sissi était anorexique. Elle passait des heures, voire des journées, à parcourir ses contrées à cheval. Cette passion, alliée à l'aspect apaisant de l'animal, canalisait les poussées de sa maladie, la maintenant certes dans la maigreur, mais une maigreur compatible avec son rôle de première dame de l'empire.

Collaboration et contrat

Les deux maîtres mots du traitement sont collaboration et contrat.

La collaboration entre les différents protagonistes est primordiale. Entre l'anorexique et ses parents tout d'abord. Les parents ne doivent pas abandonner leur rôle et leur autorité à l'équipe soignante. Ils sont partie prenante de la stratégie mise en place pour soigner leur enfant. La collaboration entre les différents thérapeutes est importante. Elle permet une meilleure réponse dans les différents domaines : relationnel, psychologique et alimentaire.

Le contrat est la pierre angulaire du traitement. Les objectifs sont définis en concertation avec l'intéressé(e). Il doit être observé méticuleusement en respectant les règles préalablement établies. Là encore, les parents doivent assumer leur part de surveillance et contrôler les manquements éventuels.

La marge de manœuvre est très étroite, car il faut continuer à motiver l'adolescent, insister sur ses engagements sans entraîner des tricheries et des mensonges. Certaines personnes absorbent plusieurs litres d'eau avant la pesée pour contenter le thérapeute. La relation est alors faussée et l'anorexique se retrouve en définitive plus seule que jamais.

Si l'anorexique conditionne ses repas, elle organise aussi parfois l'échec du traitement en se servant de sa relation perturbée avec son entourage familial. Dans ce cas, une hospitalisation peut s'avérer salutaire. Il existe de nombreuses structures spécialisées dans différentes grandes villes.

Pour mémoire, nous citerons, outre l'hôpital Robert Debré déjà mentionné:

- *l'Institut mutualiste Montsouris,* service du professeur Jammet, spécialisé dans les troubles de l'adolescence – Tél.: 01 56 61 62 63;
- *le centre des maladies mentales,* service du professeur Guelfi, destiné aux adultes, avec des activités artistiques à visées thérapeutiques – Tél.: 01 45 65 83 67;
- *le centre hospitalier de la Pitié-Salpétrière,* service du professeur Mazet –
Tél. : 01 42 16 23 63.

L'hospitalisation permet une mise entre parenthèses des conflits et une rupture dans les rituels élaborés vis-à-vis de la nourriture par l'anorexique. Elle permet surtout une réalimentation forcée pour parer au plus pressé et écarter, au moins temporairement, les conséquences fatales de la dénutrition.

La phase d'alarme

La personne anorexique
Elle n'est plus amaigrie, mais squelettique et reste enfermée dans une logique autodestructrice, niant les évidences. Le dialogue est très difficile avec elle et bien souvent, elle refuse tous soins, étant persuadée du bien-fondé de ses actes.

Nadine, âgée de 28 ans, consulte un nutritionniste. Sa mère a perdu du poids avec ce professionnel et, à la suite d'une déception sentimentale, elle souhaite en faire autant. Elle a effectivement quelques kilos superflus, ce qu'elle réussit assez rapidement à perdre. Mais ce résultat n'est pas suffisant. Elle se trouve toujours quelques bourrelets en trop, qu'elle aimerait voir disparaître et se plaint d'une constipation rebelle. Préférant canaliser la demande, le médecin lui prescrit un traitement pour quelques jours seulement.
Nadine revient en consultation encore amaigrie. Sa demande est plus pressante. Contre toute évidence,

elle ne supporte plus ni ses bourrelets ni sa culotte de cheval qui lui font horreur, mais qui n'existent que dans sa tête. Le médecin refuse bien évidemment de souscrire à cette demande, de l'aider à perdre davantage de poids, ainsi que de renouveler les laxatifs. Il lui suggère de se faire aider par un psychiatre pour mieux appréhender son corps. Un nouveau rendez-vous est pris, mais Nadine ne vient pas. Le médecin la perd de vue.

Six mois plus tard, une pharmacienne téléphone au médecin pour vérifier l'authenticité d'une prescription de laxatifs. Depuis un mois, Nadine vient toutes les semaines la voir avec chaque fois une nouvelle ordonnance datée de la veille !

Le médecin convoque Nadine en lui expliquant que ses actes sont assimilables à des faux en écriture et à des usages de faux. Elle accepte de se rendre à son cabinet et se laisse examiner ; le médecin découvre alors un squelette vivant. Il veut la faire hospitaliser. Elle refuse dans un premier temps, puis finit par accepter.

Elle fait plusieurs séjours dans cet hôpital spécialisé, mais un jour, elle décide de sortir contre avis médical et retourne chez sa mère, où elle meurt quelques jours seulement après son retour.

L'anorexie de Nadine a commencé après une rupture sentimentale qui l'a profondément blessée dans son orgueil. Elle a attribué cet échec à ses bourrelets et à sa culotte de cheval et n'a eu de cesse de les faire disparaître pour effacer jusqu'au souvenir de cet échec. Au mépris même de la légalité, elle a poursuivi son but inlassablement, perdant tout repère et tout bon sens. Entre la première consultation et la date de sa mort, quatre ans se sont écoulés, c'est dire que, comme pour certaines pathologies graves, l'évolution peut être longue et douloureuse.

Contrairement à ce que l'on peut lire parfois, l'anorexie mentale est de plus mauvais pronostic lorsqu'elle débute à l'âge adulte par rapport à l'adolescence.

Peut-on comparer l'anorexie à une forme d'autisme?

L'autisme peut être défini comme *l'incapacité à regrouper de l'information pour en déduire des idées cohérentes et pourvues de sens,* ou encore comme *un phénomène psychopathologique caractérisé par la tendance à se désintéresser du monde extérieur, avec repli sur soi-même.* *

La personne anorexique est certes défaillante; elle ne comprend ni le monde qui l'entoure ni la gravité de son état. En ce sens, elle présente des caractéristiques semblables à celles des autistes.

Cependant, les autistes présentent des troubles du comportement alimentaire (anorexie ou boulimie) au sein d'autres troubles, souvent plus importants encore, comme l'agressivité, l'insomnie, une détérioration de l'hygiène, une indifférence totale à tout ce qui les entoure, etc.

* *Dictionnaire médical Masson.*

Ainsi, l'anorexie mentale n'est pas l'autisme et réciproquement. Cependant, certains enfants ou adolescents dont l'autisme est "léger" peuvent décompenser leur maladie par un épisode d'anorexie mentale. Le cas ci-dessous l'illustre :

Sylvie est âgée de 14 ans. Elle est suivie depuis longtemps pour des troubles psychologiques. Récemment, elle a développé une trichotillomanie (manie consistant à s'arracher les poils et plus particulièrement les cheveux). De nature renfermée, cette jeune fille s'est mise à manger de moins en moins, puis a refusé de se rendre au collège en arguant que l'on se moquait d'elle. Ses parents l'ont inscrite aux cours par correspondance en attendant que son état s'améliore, ce qui semble peu probable.

Dans le cas présent, le pronostic est plus mauvais car l'anorexie n'est que la partie immergée de l'iceberg. Et si les thérapeutiques dirigées contre l'anorexie font souvent défaut, il en est encore moins contre l'autisme.

Les parents

Les parents, progressivement habitués à voir leur enfant disparaître sous des pulls trop grands, n'ont pas toujours conscience du degré de maigreur atteint. En général, les adolescentes restent très pudiques vis-à-vis de leur entourage. Leur corps leur appartient et elles ne souhaitent pas le montrer. Par ailleurs, nous avons déjà souligné la psychologie dissimulatrice des personnes atteintes de ce trouble alimentaire.

Toutefois, à la phase d'alarme l'entourage ne peut être trompé. Même si elle dissimule savamment son visage sous les fards et ses manques de forme sous l'ampleur des vêtements, ses traits tirés et creux ne trompent plus personne. Il s'ensuit une prise de conscience souvent brutale où les parents veulent agir à tout prix, même contre la volonté de leur enfant. Ils consultent alors un médecin. Le diagnostic tombe parfois lourdement, les parents ayant toujours occulté inconsciemment celui d'anorexie mentale.

Le médecin

La maigreur d'une anorexique à la phase d'alarme est l'une des visions les plus difficiles à supporter en médecine. Il suffirait que la personne remange pour aller mieux et pourtant… Le fossé qui existait entre lui et sa patiente est devenu un gouffre. À ce stade, il n'est plus temps de discuter, il faut agir et hospitaliser rapidement si cela n'est pas déjà fait.

Souvent le médecin a perdu de vue son patient durant plusieurs mois. Ce dernier peut avoir décidé de mettre un terme à des consultations inutiles de son point de vue. Même amaigri, à la limite de succomber, l'anorexique continue bien souvent de nier et d'affirmer qu'il s'alimente contre toute évidence.

Les complications à ce stade

Dans l'état de cachexie où se trouvent les anorexiques, au stade ultime de la maladie, la mort peut survenir à n'importe quel moment. Toutes les grandes fonctions de l'organisme sont altérées par la dénutrition. Les sucres ont tous été consommés depuis longtemps. Les graisses de réserve ont disparu à leur tour et ne peuvent donc plus fournir l'énergie nécessaire à l'organisme, sous forme de corps cétoniques. Toutes les protéines convertibles en sucres ont été transformées pour oxygéner les organes nobles.

Les protéines du foie ont été mises en jeu pour se transformer en sucres. Puis les reins ont pris le relais pour fournir à leur tour leurs protéines.

Pour continuer à fonctionner, le cerveau a appris à utiliser les corps cétoniques jusqu'à leur épuisement. Les fibres musculaires (et le cœur est un muscle) sont constituées de protéines et ne peuvent donc plus effectuer leur travail correctement. À ce stade, quand toutes les protéines mobilisables ont été consommées pour produire du sucre, la dénutrition est irréversible. L'évolution se fait vers la mort.

En effet, la dénutrition provoque des désordres immunitaires, c'est-à-dire dans le combat des infections. À tout moment au stade ultime de la maladie, un virus, une bactérie peuvent terminer dramatiquement l'histoire de l'anorexie.

Comment agir à ce stade ?

Chez les adolescents, les procédés thérapeutiques tiennent plus du chantage que de la médecine traditionnelle. Des "règles du jeu" sont définies entre l'équipe soignante et l'anorexique. On l'enferme dans une chambre seule et on lui supprime la télévision, la radio, les livres et les visites. On ne réintroduit ces éléments, les uns après les autres, que lorsque la prise de poids est réalisée. Si l'anorexique persiste dans son refus et reperd du poids, on supprime ce que l'on avait réintroduit, etc.

Bien évidemment, cette stratégie peut paraître inhumaine et difficile à surmonter, mais elle constitue la seule alternative à la mort à ce stade de la maladie. En outre, ces méthodes sont assorties de surveillances étroites, d'entretiens psychologiques quotidiens et de conseils diététiques.

La guérison

La personne anorexique

La guérison peut survenir à n'importe quel stade de la maladie, nonobstant le point de non-retour du stade terminal dont il a été fait mention au chapitre précédent.

Un déclic se crée et, peu à peu, la machine se remet en marche. Celui ou celle qui ne voulait pas entendre parler de "manger" se met à consommer de plus grandes quantités, écoute les conseils, se prend en charge et ressent une irrésistible envie de s'en sortir.

Ce réapprentissage ne peut s'entreprendre dans la solitude. Tout le cortège de thérapeutes, les parents, les amis vont enfin pouvoir l'aider dans de bonnes conditions. Mais la route est longue pour sortir tout à fait du tunnel et les rechutes ne sont pas rares.

Les parents

En période de guérison, les rapports peuvent s'avérer difficiles du seul fait que la communication s'établit à nouveau.

Lors de la phase de guérison, l'anorexique verbalise davantage ses angoisses, ses reproches et ces derniers se tournent naturellement vers les plus proches : les parents.

Tout se passe comme si l'anorexique faisait enfin "sa crise d'adolescence", exprimant parfois avec véhémence son désaccord. Pas de panique, si le poids reprend, tout cela est de bon augure ! Les choses vont peu à peu se rétablir avec le rééquilibre général du poids et du corps.

Bien entendu, la reprise de poids peut se passer dans l'entente sans que cette harmonie soit préjudiciable à la guérison.

Le médecin

Nul ne sait, pas même le médecin, combien de temps durera la période d'anorexie. Des semaines, des mois, des années ? En général, l'évolution est lente et difficile, entrecoupée de pertes et de reprises de poids. Une surveillance "rapprochée" est indispensable de manière à réagir le plus vite possible en cas de détérioration de l'état général.

Plusieurs facteurs peuvent néanmoins permettre de se faire une idée sur l'évolution de ce trouble. L'encadré ci-dessous les résume.

Facteurs en faveur d'une bonne évolution

- Filles (elles guérissent mieux et plus souvent que les garçons).
- Début de l'anorexie à l'adolescence.
- Présence d'un élément déclenchant (séparation des parents, décès d'un parent ou d'un des grands-parents, attouchement, viol personnel, d'une amie proche, d'une sœur...).
- Demande motivée de la personne concernée pour s'en sortir.
- Verbalisation des affects (sentiments propres à l'individu).
- Bonne entente familiale avec implication des parents.

Facteurs péjoratifs à une bonne évolution

- Garçons (ils évoluent souvent vers la psychose).
- Début de l'anorexie précoce avant 12 ans ou tardif après 25 ans (il s'agit en général dans ce cas de rechutes, avec une notion d'anorexie à l'adolescence niée ou oubliée).
- Déni important.
- Rituels organisés (autour de la nourriture ou non).
- Aucune verbalisation des affects.
- "Complicité" involontaire de la famille, qui occulte le problème le plus longtemps possible.

Cet encadré est susceptible d'évoluer avec le temps. Des éléments péjoratifs peuvent devenir progressivement favorables. C'est un peu comme si les voyants rouges d'une voiture se mettaient au fur et à mesure au vert après des réparations successives.

De même, des éléments favorables peuvent se dégrader en fonction des circonstances, de la relation entretenue avec l'entourage ou encore du "vécu" de l'anorexique.

Le vécu est un terme psychanalytique. Il représente ce que la personne ressent et non pas la réalité en elle-même. Par exemple, une mère peut être simplement attentionnée et l'enfant peut avoir un "vécu" de surprotection de la part de celle-ci.

"Je l'ai pansé, Dieu l'a guéri."
Ambroise Paré

Après la guérison

Une fois sur deux, la personne retrouve un poids normal au bout de deux ans et sept anorexiques sur dix au bout de cinq ans. C'est dire que plus le temps passe, meilleurs sont les résultats.

Une fois sur trois, des troubles de la conduite alimentaire persistent au-delà de cinq ans. Ces troubles vont de la restriction à la boulimie en passant par le tri des aliments, le grignotage, l'obsession de la nourriture, la crainte de prendre du poids, etc.

Les chiffres sont globalement bons, mais la vigilance est indispensable car les rechutes existent dans 10 à 50 % des cas selon les études. 5 % à 10 % des cas globaux se terminent dramatiquement ce qui est élevé pour une affection touchant les adolescents.

Existe-t-il des séquelles ?

Tout dépend en réalité du stade atteint. Si la personne anorexique a été victime d'une infection bronchique, rénale ou touchant d'autres organes vitaux, il peut subsister une fragilité de l'organisme. Cependant, il faut souligner la grande capacité de celui-ci à se reconstruire lorsque le point de non-retour n'a pas été franchi.

On a également constaté que les anciennes femmes anorexiques, lorsqu'elles sont enceintes, accouchent souvent d'un enfant dont le poids à la naissance est inférieur à la normale. Par ailleurs, les césariennes sont plus fréquentes chez elles que dans une population témoin.

Pourquoi une rechute est-elle possible ?

L'anorexie est un trouble du comportement alimentaire dont la cause se trouve en partie dans l'incapacité pour la personne, qui en est atteinte, de résoudre les différents conflits qui l'assaillent.

Si au cours du traitement l'individu n'a pas appris à y répondre autrement qu'en les retournant contre lui, il reste fragile et une rechute est toujours possible. C'est la raison pour laquelle le traitement ne prend pas en compte que l'aspect nutritionnel, mais toute la dimension psychologique inhérente à cette pathologie.

Plus le traitement est précoce, plus les résultats sont satisfaisants et moins les rechutes sont probables. D'où l'intérêt d'agir le plus en amont possible. Il vaut mieux consulter rapidement, même si les craintes ne sont pas fondées, plutôt que de laisser évoluer une pathologie en espérant que l'on se trompe et que tout rentrera dans l'ordre spontanément.

CONCLUSION

L'anorexie mentale est un trouble du comportement alimentaire grave, une maladie au diagnostic souvent tardif et au traitement long et difficile. Dans nos sociétés régies par un idéal de minceur, vecteur de tous les succès, elle apparaît de plus en plus tôt chez des personnes au psychisme vulnérable.

Le traitement repose sur une prise en charge la plus précoce possible par une équipe pluridisciplinaire. Les parents ont un rôle actif à jouer dans la guérison de leur progéniture. De nombreuses associations existent. Elles peuvent être le point de départ d'une prise de conscience vis-à-vis de cette maladie. En fonction des troubles et de la gravité, le médecin de famille, le nutritionniste ou une structure de type hospitalier doivent être sollicités rapidement.

En fonction du type d'anorexie mentale rencontré, l'issue peut être favorable ou dramatique.

Des rechutes sont toujours possibles, aussi l'entourage doit-il rester mobilisé et vigilant même en cas de guérison apparente.

Les ancien(ne)s anorexiques gardent de leur maladie le souvenir d'une épreuve douloureuse, contrastant avec la sensation d'euphorie qui caractérisait leur perte de poids. Même guéri(e)s, ils(elles) restent fragiles.

Le meilleur traitement étant la prévention, voici quelques conseils à l'usage des parents :

- Discutez avec votre enfant s'il manifeste une inquiétude vis-à-vis de son poids. Expliquez-lui qu'il n'existe pas qu'un seul modèle stéréotypé synonyme de charme ou de beauté. Guidez-le à travers vos conseils afin de ne pas exagérer un problème de surpoids s'il existe, mais dites-lui surtout que vous l'aimez et que sa santé prime avant tout.
- Évitez les taquineries sur son poids. Les adolescents sont très susceptibles, surtout vis-à-vis de leurs parents qu'ils ont tendance à idéaliser ou à rejeter rapidement.
- Si vous avez vous-même un problème de poids qui vous gêne, résolvez-le en même temps que votre enfant en consultant un nutritionniste avec lui. Cela provoquera une complicité entre vous. Mais attention, pas de compétition ni de rivalité ! Au contraire, donnez-lui confiance en lui.
- Que la table soit un lieu d'échange et non pas de dispute. Ne laissez pas la télévision distiller à travers

les publicités l'archétype d'un monde où tout le monde vit heureux dans un idéal de minceur.

- Ne prenez pas l'un(e) de ses amis comme modèle physique et surtout ne le(la) blessez pas à travers son image corporelle.
- Soyez vigilant en composant au quotidien vos menus. La société française rejoint chaque année un peu plus celle d'Outre-Atlantique dans le triste record de l'obésité, y compris chez les enfants et les adolescents. Si vous ne voulez pas que le poids gâche la vie de votre enfant et lui fasse adopter des stratégies dangereuses pour le combattre, ne le laissez pas devenir gros. Mangez équilibré et veillez à la pratique régulière d'une activité physique.
- Mais si vous sentez que votre enfant dérive, la meilleure façon de lui venir en aide consiste à restaurer un dialogue qui s'effrite et à placer l'amour que vous avez pour lui au centre de votre relation. Cela vous permettra d'entreprendre dans de bonnes conditions les démarches nécessaires à sa guérison.

Ainsi pourra-t-il reconstituer son miroir intérieur…

Dumas-Titoulet Imprimeurs
42000 Saint-Étienne
Dépôt légal : février 2004
N° d'imprimeur : 40203B

Imprimé en France